Perspectives 1

Französisch für Erwachsene

Vokabeltaschenbuch

Cornelsen

VOCABULAIRE Vokabular

Die neuen französischen Vokabeln finden Sie hier in der Reihenfolge des ersten Auftretens aufgelistet. Die Zahlen am Rand geben an, wo die einzelnen Wörter und Wendungen zum ersten Mal vorkommen.

Abkürzungen

p.	page (Seite)
f.	feminin
m.	maskulin
Pl.	Plural
ugs.	umgangssprachlich
cf.	confer (vergleiche)
qn	quelqu'un
qc	quelque chose
jd	jemand
jdm	jemandem
jdn	jemanden
etw.	etwas

Symbole

= bezeichnet Wörter und Wendungen mit gleicher oder ähnlicher Bedeutung

≠ bezeichnet Wörter und Wendungen mit gegensätzlicher Bedeutung

RENCONTRES UNITÉ 1

p. 9 A

une unité [ynite]	Einheit, Lektion	
la rencontre (*Pl.* **rencontres**) [rɑ̃kɔ̃tr]	Begegnung	
bonjour [bɔ̃ʒur]	guten Morgen, guten Tag	
salut [saly]	hallo, tschüss	<u>Salut</u>, Antoine!
Madame *f.* (*Pl.* **Mesdames**) [madam/medam]	*Anrede für eine Frau*	Bonjour, <u>Madame</u>.
Monsieur *m.* (*Pl.* **Messieurs**) [məsjø/mesjø]	*Anrede für einen Mann*	Bonjour, <u>Monsieur</u>.
bonsoir [bɔ̃swar]	guten Abend	<u>Bonsoir</u>, Madame.

au revoir [orəvwar]	auf Wiedersehen	≠ bonjour
à demain [adəmɛ̃]	bis morgen	Au revoir, Michel, à demain.
tchao [tʃao] *ugs.*	tschüss	= salut

p. 10 BONJOUR

	1.		
	écouter [ekute] **qc/qn**	etw. hören, jdm zuhören	
	Mademoiselle *f.* (*Pl.* **Mesdemoiselles**) [mad(ə)mwazɛl/med(ə)mwazɛl]	Anrede für eine junge Frau	Bonjour, Mademoiselle!
	2.		
	Vous êtes ...? [vuzɛt]	Sie sind ...?	Bonjour, vous êtes Monsieur ....?
	je suis [ʒəsɥi]	ich bin	
	enchanté/e [ɑ̃ʃɑ̃te]	sehr erfreut, angenehm	-Je suis Jacques Durand.+Enchanté!
	non [nɔ̃]	nein	
	je m'appelle [ʒəmapɛl]	ich heiße	Je m'appelle Catherine Moulin.
	c'est vous? [sɛvu]	sind Sie das?	Mademoiselle Méchin, c'est vous?
	oui [wi]	ja	≠ non
	c'est moi [sɛmwa]	ich bin das	-M. Legrand, c'est vous? +Oui, c'est moi.
	3.		
	jouer [ʒwe]	spielen	
p. 11	**4.**		
	s'entraîner [sɑ̃trɛne]	üben, trainieren	
	être [ɛtr]	sein	

6.		
parler [parle]	sprechen	

p. 12

SALUT

8.		
et [e]	und	
toi [twa]	du *(betonte Form)*	Et toi, tu es Pierre?
c'est ça [sɛsa]	so ist es, genau	-Vous êtes M. Legrand? +Oui, c'est ça.
c'est qui? [sɛki]	Wer ist das?	Charlotte, c'est qui?
la bise [biz]	Küsschen	
pratique [pratik]	praktisch	L'internet, c'est pratique.
9.		
découvrir [dekuvrir] **qc**	etw. entdecken	
p. 13 **14.**		
prononcer [prɔnɔ̃se] **qc**	etw. aussprechen	
zéro *m.* [zero]	null	
p. 14 **16.**		
la publicité [pyblisite]	Werbung	
la station [stasjɔ̃]	Haltestelle	
le quai [kɛ]	Bahnsteig	
le chocolat [ʃɔkɔla]	Schokolade	
le cendrier [sɑ̃drije]	Aschenbecher	
le dîner [dine]	Abendessen	

la musique [myzik]	Musik	
la cigarette [sigarɛt]	Zigarette	
le train [trɛ̃]	Zug	
le tête-à-tête [tɛtatɛt]	Tête-à-tête	
la boutique [butik]	Boutique, Laden, Geschäft	
la fête [fɛt]	Fest	

ÇA VA ? UNITÉ 2

p. 17 A

ça va? [sava]	wie geht's?	
je voudrais [ʒəvudrɛ]	ich möchte	Je voudrais une pizza, s'il vous plaît.
un café [kafe]	Kaffee	
s'il vous plaît [silvuplɛ]	bitte *(wenn man jdn siezt)*	Un café, s'il vous plaît.
une eau minérale [omineral]	Mineralwasser	
deux [dø]	zwei	
un coca [koka]	Cola	
ça va [sava]	es geht	-Ça va? + Ça va bien, merci.
bien [bjɛ̃]	gut	
merci [mɛrsi]	danke	
un verre [vɛr]	Glas	Je voudrais un verre d'eau.
une table [tabl]	Tisch	
un thé [te]	(schwarzer) Tee	
un jus d'orange [ʒydɔrɑ̃ʒ]	Orangensaft	

un croque-monsieur [krɔkməsjø]	getoastetes Käse-Schinken-Sandwich	Deux croque-monsieur, s'il vous plaît!
une chaise [ʃɛz]	Stuhl	
une pizza [pidza]	Pizza	
une salade [salad]	Salat	
une carafe [karaf]	Karaffe	Une carafe d'eau, s'il vous plaît.
une limonade [limɔnad]	Limonade	
un apéritif [aperitif]	Aperitif	
un sandwich [sɑ̃dwitʃ]	Sandwich	

p. 18

BONJOUR, ÇA VA?

1.

la société [sɔsjete]	Gesellschaft	Société Ventout, bonjour.
là [la]	da	Paul est là?
pardon [pardɔ̃]	Entschuldigung	-Je suis Luc Blin. +Pardon?
un instant [ɛ̃stɑ̃]	Moment	-M. Roy est là? +Un instant, s'il vous plaît.
allô [alo]	hallo *(nur am Telefon)*	
Comment allez-vous? [kɔmɑ̃talevu]	Wie geht es Ihnen?	Bonjour, Madame. Comment allez-vous?
très [trɛ]	sehr	Ça va très bien, merci.

p. 19

5.

lire [lir] **qc**	etw. lesen	
comment va ... ? [kɔmɑ̃va]	wie geht es ...?	Comment va Monsieur Ménard?
avec [avɛk]	mit	Je voudrais un croque-monsieur avec une salade.

alors [alɔr]	also, dann	Alors, un café, deux limonades et une pizza.
bonne journée [bɔnʒurne]	schönen Tag	Au revoir. Bonne journée.
À toi aussi [atwaosi]	Dir auch	-Bonne journée. +À toi aussi.
6.		
écrire [ekrir] **qc à qn**	jdm etw. schreiben	

p. 20

UN APÉRITIF?

8.		
Messieurs Dames *m.Pl.* [mɛsjødam]	meine Damen und Herren	Un apéritif, Messieurs Dames?
le kir [kir]	Kir *(Aperitif aus Weißwein und einem Schuss schwarzen Johannisbeerlikör)*	
le porto [pɔrto]	Portwein	Je voudrais un porto, s'il vous plaît.
pour [pur]	für	Pour moi, un kir, s'il vous plaît.
la bière [bjɛr]	Bier	
le vin [vɛ̃]	Wein	Un verre de vin pour moi, s'il vous plaît.
la cravate [kravat]	Kravatte	
le chapeau [ʃapo]	Hut	
le/la serveur/serveuse [sɛrvœr/sɛrvøz]	Kellner/in	Je suis serveur.
le bar [bar]	Bar	
la bouteille [butɛj]	Flasche	Je voudrais une bouteille d'eau minérale, s'il vous plaît.
le chien [ʃjɛ̃]	Hund	

	le portable [pɔrtabl]	Handy	
	un agenda [aʒɛ̃da]	Terminkalender, (Taschen-)Kalender	
p. 21	10.		
	chez [ʃe]	bei	
	la carte [kart]	Karte	
	la boisson (*Pl.* **boissons**) [bwasɔ̃]	Getränk	Je voudrais la carte des boissons, s'il vous plaît.
	le pastis [pastis]	Anisschnaps	
	le whisky [wiski]	Whisky	
	la pression [presjɔ̃]	*hier:* Bier vom Fass	Je voudrais une pression, s'il vous plaît.
	le vin blanc [vɛ̃blɑ̃]	Weißwein	
	le vin rouge [vɛ̃ruʒ]	Rotwein	
	la tomate [tɔmat]	Tomate	Alors, un jus de tomate pour Madame et pour Monsieur?
	le snack [snak]	Snack	
	11. *Die Zahlen finden Sie im Buch auf S. 139.*		
p. 22	14.		
	la page d'écriture [paʒdekrityr]	*hier:* Rechenstunde	
	font [fɔ̃]	*hier:* ist gleich, macht	Deux et deux font quatre.
	répétez [repete]	wiederholt	Répétez, s'il vous plaît.
	dit [di]	sagt	
	le maître [mɛtr]	(Grundschul-)Lehrer	

p. 25

A

Vous travaillez où? [vutravajeu]	Wo arbeiten Sie?	
où [u]	wo?	
le professeur [prɔfesœr]	Lehrer/in	Céline est professeur à Bordeaux.
le/la technicien/ne [tɛknisjɛ̃/tɛknisjɛn]	Techniker/in	
le/la journaliste [ʒurnalist]	Journalist/in	
le/la secrétaire [səkretɛr]	Sekretär/in	Marc est secrétaire dans une école de langues.
le/la vendeur/euse [vɑ̃dœr/vɑ̃døz]	Verkäufer/in	
travaille [travaj]	arbeitet	
dans [dɑ̃]	in	
le bureau [byro]	Büro	La secrétaire travaille dans un bureau.
une école de langues [ekɔldəlɑ̃g]	Sprachschule	
le magasin [magazɛ̃]	Geschäft	La vendeuse travaille dans un magasin.
la rédaction [redaksjɔ̃]	Redaktion	Le journaliste travaille dans une rédaction.
le restaurant [rɛstɔrɑ̃]	Restaurant	Le serveur travaille dans un restaurant.
à la maison [alamɛzɔ̃]	zu Hause	Elle travaille à la maison.

p. 26 JE SUIS INGÉNIEUR

1.

un ingénieur [ɛ̃ʒenjœr]	Ingenieur/in	
une entreprise [ɑ̃trəpriz]	Unternehmen	L'ingénieur travaille dans une entreprise.
en [ɑ̃]	in	
Allemagne *f.* [almaŋ]	Deutschland	
visiter [vizite] **qc**	etw. besichtigen	Vous visitez l'entreprise?
la filiale [filjal]	Filiale	Il travaille dans la filiale de l'entreprise en Allemagne.
un/une assistant/e [asistɑ̃/asistɑ̃t]	Assistent/in	C'est l'assistant du professeur.
bienvenue [bjɛ̃vəny]	Willkommen	Bienvenue en Allemagne!
discuter [diskyte]	diskutieren	Elle discute avec M. Dupont.
un atelier de production [atəljedəprɔdyksjɔ̃]	Produktionsstätte	Le technicien est dans l'atelier de production.
Vous voulez ...? [vuvule]	Wollen Sie ...?	Vous voulez un café?
voilà ... [vwala]	Da ist ...	Ah! Voilà monsieur Lenoir.
un/une informaticien/ne [ɛ̃fɔrmatisjɛ̃/ɛ̃fɔrmatisjɛn]	Informatiker/in	
le/la graphiste [grafist]	Grafiker/in	
de [də]	*hier:* aus	Je suis de Lyon.
ici [isi]	hier	Vous êtes d'ici?
un/une employé/e [ɑ̃plwaje]	Angestellte/r	
le/la retraité/e [rətrete]	Rentner/in	

2.		
vrai/e [vrɛ]	wahr	C'est vrai?
faux/fausse [fo/fos]	falsch	≠ vrai
Mme [madam]	*Abkürzung für Madame*	
M. [məsjø]	*Abkürzung für Monsieur*	
la cafétéria [kafeterja]	Cafeteria	Alors, ici c'est la cafétéria de l'entreprise.
Mlle [mad(ə)mwazɛl]	*Abkürzung für Mademoiselle*	
p. 27 **6.**		
le/la comédien/ne [kɔmedjɛ̃/kɔmedjɛn]	Schauspieler/in	
la politique [pɔlitik]	Politik	
un/une artiste [artist]	Künstler/in	
le/la musicien/ne [myzisjɛ̃/myzisjɛn]	Musiker/in	*cf.* musique
un humour [ymur]	Humor	
le théâtre [teatr]	Theater	
le médecin [mɛdsɛ̃]	Arzt/Ärztin	
7.		
la femme au foyer [famofwaje]	Hausfrau	

p. 28

JE TRAVAILLE À PARIS

8.		
travailler [travaje]	arbeiten	
français/e [frɑ̃sɛ/frɑ̃sɛz]	französisch	C'est un vin français.
habiter [abite]	wohnen	Elle habite à Paris.
près de [prɛdə]	in der Nähe von	Il travaille près de Paris.

Quel est votre nom? [kɛlɛvɔtrnɔ̃]	Wie heißen Sie?	
allemand/e [almɑ̃/almɑ̃d]	deutsche/r/s *hier:* Deutsche/r	Mme Winter est allemande.
mais [mɛ]	aber	Je suis allemande, mais je travaille à Paris.
le/la dentiste [dɑ̃tist]	Zahnarzt/Zahnärztin	Elle est dentiste.
Qu'est-ce que vous faites comme métier? [kɛskəvufɛtkɔmmetje]	Was machen Sie beruflich?	
le/la pharmacien/ne [farmasjɛ̃/farmasjɛn]	Apotheker/in	Carole est pharmacienne.
suisse [sɥis]	schweizerische/r/s *hier:* Schweizer/in	Mme Abt est suisse.
on [ɔ̃]	wir/man	Luc et moi, on habite à Maur.
un/une architecte [arʃitɛkt]	Architekt/in	
un/une étudiant/e [etydjɑ̃/etydjɑ̃t]	Student/in	Richard est étudiant.
Comment vous appelez-vous? [kɔmɑ̃vuzaplevu]	Wie heißen Sie?	
Tu t'appelles comment? [tytapɛlkɔmɑ̃]	Wie heißt du?	
autrichien/ne [otriʃjɛ̃/otriʃjɛn]	österreichische/r/s *hier:* Österreicher/in	Karl est autrichien.
10.		
le supermarché [sypɛrmarʃe]	Supermarkt	La vendeuse travaille dans un supermarché.
11.		
un hôtel [otɛl]	Hotel	
13.		
la rue [ry]	Straße	Nous habitons rue de Bellevue.

p. 30	16.		
	le boulevard [bulvar]	Boulevard	
	17.		
	une île [il]	Insel	La Corse est une île française.

GOÛTS ET LOISIRS **UNITÉ 4**

p. 33	**A**		
	les goûts *m. Pl.* [gu]	Neigungen, Geschmack	
	les loisirs *m. Pl.* [lwazir]	Freizeit, Freizeitaktivitäten	
	adorer [adɔre] **qc/qn**	etw./jdn (über alles) lieben, sehr gerne haben	
	le foot(ball) [futbol]	Fußball	On adore le foot.
	je n'aime pas [ʒənɛmpa]	ich mag nicht	
	aimer [eme] **qn/qc**	jdn/etw. mögen, lieben	Vous aimez le sport?
	le tennis [tenis]	Tennis	On n'aime pas le tennis.
	la promenade [prɔm(ə)nad]	Spaziergang	J'aime les promenades.
	un animal (*Pl.* **animaux**) [animal/animo]	Tier	Les chiens sont des animaux.
	classique [klasik]	klassisch	J'aime la musique classique.
	la littérature [literatyr]	Literatur, Belletristik	
	la télévision [televizjɔ̃]	Fernsehen, Fernseher	
	le cinéma [sinema]	Kino	
	Qu'est-ce que ... ? [kɛskə]	Was ...?	Qu'est-ce que tu aimes comme sport?
	le sport [spɔr]	Sport	

la voiture [vwatyr]	Auto	
le chat [ʃa]	Katze	
la danse [dɑ̃s]	Tanz, Tanzen	
la nature [natyr]	Natur	
la photo [fɔto]	Fotografie	
l'internet [ɛ̃tɛrnɛt]	Internet	
le voyage [vwajaʒ]	Reise	

p. 34 QU'EST-CE QUE VOUS AIMEZ?

1.

c'est nul [sɛnyl] *ugs.*	Es ist total schlecht, nichts wert	L'art moderne, <u>c'est nul</u>!
j'aime pas du tout [ʒɛmpadytu]	Ich mag überhaupt nicht	<u>J'aime pas du tout</u> le café.
super [sypɛr]	super	Le foot, c'est <u>super</u>.
aimer beaucoup [emebɔku] **qn/qc**	jdn/etw. sehr mögen	J'aime beaucoup <u>les animaux</u>.
aimer bien [emebjɛ̃] **qn/qc**	jdn/etw. gern mögen	J'<u>aime bien</u> la musique classique.
original [ɔriʒinal]	originell	C'est très <u>original</u>!
c'est pas mal [sɛpamal]	Es ist nicht schlecht	-Vous aimez? +Oui, <u>c'est pas mal</u>.
assez [ase]	ziemlich gern	J'aime <u>assez</u> le cinéma.
la fontaine [fɔ̃tɛn]	Brunnen	

2.

vous avez [vuzave]	Sie haben	
la minute [minyt]	Minute	
pourquoi [purkwa]	warum	
un sondage [sɔ̃daʒ]	Meinungsumfrage	

sur [syr]	*hier:* über	C'est pour un sondage sur les loisirs des Français.
le/la Français/e [frɑ̃sɛ/frɑ̃sɛz]	Franzose/Französin	Les Français aiment la cuisine.
Est-ce que vous aimez ...? [ɛskəvuzeme]	Mögen Sie ...?	Est-ce que vous aimez les voyages?
détester [detɛste] **qn/qc**	jdn/etw. hassen	≠ adorer
3.		
la chanson [ʃɑ̃sɔ̃]	Chanson, Lied	Tu aimes les chansons de Jacques Brel?
le jazz [dʒaz]	Jazz	
le basket [baskɛt]	Basketball	
une interview [ɛ̃tɛrvju]	Interview	Le journaliste aime les interviews.
p. 35 **5.**		
un art [ar]	Kunst	Kurt et Steffi aiment l'art moderne.
moderne [mɔdɛrn]	modern	
le tandem [tɑ̃dɛm]	Tandem, Partnerspiel	
la fiche d'inscription [fiʃdɛ̃skripsjɔ̃]	Anmeldeformular	
trouver [truve] **qn/qc**	jdn/etw. finden	
le/la partenaire [partənɛr]	Partner/in	Trouvez un partenaire pour les loisirs!
le prénom [prenɔ̃]	Vorname	Mon prénom est Cécile.
la lecture [lɛktyr]	Lesen	Il adore la lecture.
la pêche [pɛʃ]	Angeln	
les mots croisés *m.Pl.* [mokrwaze]	Kreuzworträtsel	Tu aimes les mots-croisés?
le bricolage [brikɔlaʒ]	Heimwerken, Basteln	
une équitation [ekitasjɔ̃]	Reiten	
la cuisine [kɥizin]	Küche	Il aime la cuisine française.
le jardinage [ʒardinaʒ]	Gartenarbeit	

une opérette [ɔperɛt]	Operette	
autres [otr]	anderes, *hier:* sonstiges	
la sortie [sɔrti]	*hier:* Besuch einer kulturellen Veranstaltung	
6.		
la radio [radjo]	Radio	
7.		
un opéra [ɔpera]	Oper	
le concert [kɔ̃sɛr]	Konzert	
le rap [rap]	Rap	
les boules *f. Pl.* [bul]	Boule *(französisches Kugelspiel)*	

p. 36 COLLECTIONNEUR?

8.		
le/la collectionneur/euse [kɔlɛksjɔnœr/kɔlɛksjɔnøz]	Sammler/in	Il est <u>collectionneur</u> de voitures.
la collection [kɔlɛksjɔ̃]	Sammlung	Élise a une <u>collection</u> de briquets.
la tendance [tɑ̃dɑ̃s]	Tendenz	
le timbre [tɛ̃br]	Briefmarke	
la pièce de monnaie [pjɛsdəmɔnɛ]	(Geld-)Münze	
la carte postale [kartpɔstal]	Postkarte	Tu as un timbre pour la <u>carte postale</u>?
ou [u]	oder	Tu as un chat <u>ou</u> un chien?
encore [ɑ̃kɔr]	noch	
le stylo [stilo]	Füllfederhalter	

les lunettes *f. Pl.* [lynɛt]	Brille	
le porte-clés [pɔrtkle]	Schlüsselanhänger	
la montre [mɔ̃tr]	Armbanduhr	
la carte de téléphone [kartdətelefɔn]	Telefonkarte	Il a une carte de téléphone.
le savez-vous? [ləsavevu]	Wissen Sie es?	
un Français sur dix [ɛ̃frɑ̃sɛsyrdis]	jeder zehnte Franzose	Un Français sur dix est collectionneur.
9.		
avoir [avwar]	haben	
le dictionnaire [diksjɔnɛr]	Wörterbuch	J'ai un dictionnaire français-allemand.
le sac [sak]	Tasche	
le miroir de poche [mirwardəpɔʃ]	Taschenspiegel	
le mouchoir en papier [muʃwarɑ̃papje]	Taschentuch	Tu as un mouchoir en papier dans le sac?
le rouge à lèvres [ruʒalɛvr]	Lippenstift	
le briquet [brikɛ]	Feuerzeug	
le livre [livr]	Buch	Vous aimez les livres d'art?
p. 37 10. *Die Zahlen finden Sie im Buch auf S. 139.*		
11.		
bravo [bravo]	bravo	Bravo, c'est bien.
par contre [parkɔ̃tr]	aber, dagegen, jedoch	= mais
un CD [sede]	CD	
environ [ɑ̃virɔ̃]	circa	J'ai environ trente cravates.
Jamais deux sans trois! [ʒamɛdøsɑ̃trwa]	Aller guten Dinge sind drei!	
13.		
c'est combien? [sɛkɔ̃bjɛ̃]	Wie viel kostet das?	C'est combien, les montres?

	un euro [øro]	Euro	
	trop [tro]	zu, zuviel	
	cher [ʃɛr]	teuer	Vingt euros, c'est trop cher!
	d'accord [dakɔr]	einverstanden	-Dix euros? +D'accord.
p. 38	**14.**		
	les gens [ʒɑ̃]	Leute	
	la bande dessinée [bɑ̃ddesine]	Comic	Éric aime les bandes dessinées.
	la mousse au chocolat [musoʃɔkɔla]	Mousse au chocolat	
	chez lui [ʃelɥi]	bei ihm zu Hause	Il est chez lui demain.
	un village [vilaʒ]	Dorf	Gordes est un village en Provence.
	le travail [travaj]	Arbeit	Tu aimes le travail de Niki de Saint Phalle?
	la mer [mɛr]	Meer	Nantes est près de la mer.
	le golf [gɔlf]	Golf	

CHEZ NOUS **UNITÉ 5**

p. 45	**A**		
	J'ai 77 ans [ʒɛswasɑ̃tdissɛtɑ̃]	Ich bin 77 Jahre alt.	
	veuf/veuve [vœf/vœv]	verwitwet	Je suis veuve.
	mon [mɔ̃]	mein/e	C'est mon fils.
	deuxième [døzjɛm]	zweite/r/s	
	le mari [mari]	Ehemann	Voilà mon deuxième mari!
	marié/e [marje]	verheiratet	Charlotte est mariée à un Allemand.
	célibataire [selibatɛr]	ledig	≠ marié
	voici [vwasi]	hier ist ...	Voici ma maison.

ma [ma]	mein/e	C'est ma voiture.
la famille [famij]	Familie	Voici ma famille.
la femme [fam]	Frau; Ehefrau	≠ mari
mes [mɛ]	meine	Tu as mes CD?
un/une enfant [ɑ̃fɑ̃]	Kind	Elle a huit ans, c'est encore une enfant!
le fils [fis]	Sohn	J'ai deux fils: Patrice et Lucas.
la fille [fij]	Tochter; Mädchen	≠ fils
papa [papa]	Papa, Vati	
parce que [parskə]	weil	-Pourquoi tu as un chat? +Parce que j'aime les animaux.
nos [no]	unsere	Où sont nos livres?
les parents [parɑ̃]	Eltern	
divorcé/e [divɔrse]	geschieden	Nos parents sont divorcés.
un/une ami/e [ami]	Freund/in	Voilà Isabelle, c'est mon amie.
un dossier [dɔsje]	*hier:* Bericht	J'aime les dossiers sur les animaux.
d'aujourd'hui [doʒurdɥi]	von heute	Les enfants d'aujourd'hui ont un ordinateur.
la situation de famille [sitɥasjɔ̃dəfamij]	Familienstand	

p. 46 EN FAMILLE

1.

en famille [ɑ̃famij]	im Familienkreis	Aujourd'hui, on est en famille.
il y a [ilja]	es gibt	Il y a un bon film au cinéma?
maman [mamɑ̃]	Mama, Mutti	≠ papa

toute la journée [tutlajurne]	den ganzen Tag	Maman travaille toute la journée.
sur [syr]	*hier:* an	Il travaille sur son ordinateur.
son, sa, ses [sɔ̃/sa/sɛ]	sein, ihr	
un ordinateur [ɔrdinatœr]	Computer	
la sœur [sœr]	Schwester	J'ai un frère et une sœur.
un/une élève [elɛv]	Schüler/in	Elle est élève à l'école Voltaire.
le/la copain/copine [kɔpɛ̃/kɔpin]	Freund/in	J'ai deux copains, Frédéric et Vincent.
le frère [frɛr]	Bruder	≠ soeur
souvent [suvɑ̃]	oft	On va souvent au cinéma.
leur [lœr]	ihr/e	Frédéric et Vincent sont chez nous avec leur chien.
notre [nɔtr]	unser/e	
% (pour cent) [pursɑ̃]	Prozent	
monoparental/e [monoparɑ̃tal]	*hier:* alleinerziehend	14% des familles françaises sont monoparentales.

2.

non précisé [nɔ̃presize]	nicht angegeben	
la mère [mɛr]	Mutter	La mère de Valentin est divorcée.
le père [pɛr]	Vater	≠ mère

p. 47

6.

mort/e [mɔr/mɔrt]	tot, verstorben	Grace Kelly est morte.

p. 48 JE CHERCHE UNE LOCATION

8.		
chercher [ʃɛrʃe] **qn/qc**	jdn/etw. suchen	Je cherche un livre sur l'art.
la location [lɔkasjɔ̃]	*hier:* Ferienhaus/Wohung	Nous avons une location à la mer.
les vacances *f. Pl.* [vakɑ̃s]	Ferien	On cherche une location pour les vacances.
à [a]	*hier:* entfernt	J'habite à dix kilomètres de Toulouse.
le kilomètre [kilɔmɛtr]	Kilometer	
la plage [plaʒ]	Strand	Aujourd'hui, Agnès est à la plage.
la terrasse [teras]	Terrasse	La maison a une terrasse.
la piscine [pisin]	Swimmingpool, Schwimmbad	
le jardin [ʒardɛ̃]	Garten	
immobilier/ère [imɔbilje/imɔbiljɛr]	Immobilien	Je travaille dans une agence immobilière.
le rez-de-chaussée [redʃose]	Erdgeschoss	L'appartement est au rez-de-chaussée.
la salle à manger [salamɑ̃ʒe]	Esszimmmer	
le salon [salɔ̃]	Salon, Wohnzimmer	
les toilettes *f. Pl.* [twalɛt]	Toilette	Où sont les toilettes, s'il vous plaît?
un étage [etaʒ]	Etage/Stockwerk	C'est au deuxième étage.
le balcon [balkɔ̃]	Balkon	
la salle de bains [saldəbɛ̃]	Badezimmer	
9.		
une agence [aʒɑ̃s]	Agentur	Il travaille dans une agence de voyages.
la semaine [səmɛn]	Woche	J'ai deux semaines de vacances.
combien de [kɔ̃bjɛ̃də]	wie viel	Vous avez combien de CD?
la personne [pɛrsɔn]	Person	Pour combien de personnes?

un/une adulte [adylt]	Erwachsene/r	Nous sommes deux adultes et deux enfants.
voyons ... [vwajɔ̃]	Schauen wir mal ...	Voyons... nous avons une maison avec terrasse.
la pièce [pjɛs]	Zimmer	Elle a combien de pièces?
la véranda [verɑ̃da]	Veranda	
petit/e [pəti/pətit]	klein	La chambre est petite.
le prix [pri]	Preis	Je cherche une location à petit prix.
mille [mil]	tausend	Il y a mille kilomètres.
au bord de [obɔrdə]	am Rand von *hier:* an	On a une maison au bord de la mer.
grand/e [grɑ̃/grɑ̃d]	groß	≠ petit
confortable [kɔ̃fɔrtabl]	gemütlich, bequem	Les chambres sont confortables.
un appartement [apartəmɑ̃]	Wohnung	Éric habite un appartement à Paris.
même [mɛm]	gleiche/r/s	J'ai le même livre.
en face de [ɑ̃fasdə]	gegenüber von	En face de la plage, il y a un hôtel.
préférer [prefere] **qc**	etw. bevorzugen	On préfère les vacances à la mer.
décider [deside]	beschließen	Nous décidons en famille.
rappeler [rap(ə)le]	zurückrufen *(hier: telefonisch)*	Je rappelle demain.
à votre service [avɔtrsɛrvis]	bitte schön	À votre service, Monsieur.
11.		
la possibilité [pɔsibilite]	Möglichkeit	Il y a deux possibilités.
p. 49 **13.**		
le logement [lɔʒmɑ̃]	Unterkunft	Je cherche un logement à Nice.
seul/e [sœl]	allein	12% des Français vivent seuls.
la colocation [kolɔkasjɔ̃]	Wohngemeinschaft	
à la mode [alamɔd]	Mode, Trend	La colocation est à la mode.

la ville [vil]	Stadt	Elle préfère habiter en ville.
un animal domestique [animaldɔmɛstik]	Haustier	Les chats sont des animaux domestiques.
plutôt [plyto]	eher	-Tu aimes les chats? +Je préfère plutôt les chiens.
16.		
un échange [eʃɑ̃ʒ]	Austausch	Cherche collectionneurs de timbres pour échanges.
une entrée [ɑ̃tre]	Eingang	
le mètre carré (m^2) [mɛtrkare]	Quadratmeter	
les WC *m. Pl.* [vese]	WC	= toilettes
le parking [parkiŋ]	Parkplatz, Parkhaus	
le séjour [seʒur]	Wohnzimmer	= salle de séjour
un ascenseur [asɑ̃sœr]	Aufzug	Où est l'ascenseur, s'il vous plaît?
le studio [stydjo]	Studio, Einzimmerwohnung	On habite un studio de $15m^2$ à Paris.

p. 50 **17.**

le scandale [skɑ̃dal]	Skandal	Il y a un scandale dans la famille.
18.		
le bonheur [bɔnœr]	Glück	

À LA ROCHELLE **UNITÉ 6**

p. 53 **A**

excusez-moi [ɛkskysemwa]	entschuldigen Sie bitte	Excusez-moi, Madame.
un office de tourisme [ɔfisdəturism]	Fremdenverkehrsamt	Je cherche l'office de tourisme.
le centre [sɑ̃tr]	*hier:* Stadtmitte, Zentrum	Notre hôtel est dans le centre.

simple [sɛ̃pl]	einfach	C'est très simple.
allez [ale]	gehen Sie	
tout droit [tudrwa]	gerade aus	Allez tout droit.
traverser [travɛrse] **qc**	etw. überqueren	Tu traverses la rue, et c'est là.
le pont [pɔ̃]	Brücke	Il y a combien de ponts sur la Seine à Paris?
ensuite [ɑ̃sɥit]	danach, anschließend	Ensuite, vous traversez le pont.
tourner [turne]	abbiegen	Tournez à droite.
à droite [adrwat]	rechts	À droite, il y a le pont.
puis [pɥi]	dann	Tu prends à gauche, puis à droite.
prenez [prəne]	nehmen Sie	Prenez la deuxième rue.
à gauche [agoʃ]	links	≠ à droite
sur [syr]	auf	Il y a un café sur la place.
la place [plas]	Platz	
de rien [dərjɛ̃]	*hier:* nichts zu danken	-Merci! +De rien.

p. 54 PARDON, MADAME…

1.

pour aller [purale]	um … zu gehen	Pour aller à la gare, s'il vous plaît?
la gare [gar]	Bahnhof	
prendre [prɑ̃dr]	nehmen	Tu prends la rue à gauche.
devant [dəvɑ̃]	vor	Il y a une piscine devant la maison.
le feu [fø]	Ampel	Après le feu, il y a l'office de tourisme.
continuer [kɔ̃tinɥe]	*hier:* weitergehen	Continuez tout droit.
une avenue [av(ə)ny]	Allee, breite Straße	Prenez l'avenue à droite.

après [aprɛ]	nach	Tu prends à droite après le pont.
le rond-point [rɔ̃pwɛ̃]	Kreisel	La gare est avant le rond-point.
vous pouvez [vupuve]	Sie können	Vous pouvez répéter, s'il vous plaît?
répéter [repete] **qc**	etw. wiederholen	
bien sûr [bjɛ̃syr]	selbstverständlich	
donc [dɔ̃k]	also	Donc, vous prenez à droite...
derrière [dɛriɛr]	hinter	≠ devant
premier/ère [prəmje/prəmjɛr]	erste/r/s	Prenez la première rue à droite.
avant [avɑ̃]	vor	≠ après
p. 55 **3.**		
l'histoire *f.* [istwar]	Geschichte	J'aime l'histoire de France.
le millier [milje]	Tausend	Il y a des milliers de touristes à la Rochelle.
le/la touriste [turist]	Tourist/in	
faire [fɛr] **qc**	etw. machen	Qu'est-ce que tu fais pour les vacances?
le Vieux Port [vjøpɔr]	Alter Hafen	Le Vieux Port de La Rochelle est très intéressant.
la cathédrale [katedral]	Kathedrale, Dom	
une église [egliz]	Kirche	
le musée [myze]	Museum	Je cherche le musée d'art moderne.
le monument [mɔnymɑ̃]	Denkmal	Ils visitent les monuments de La Rochelle.
une architecture [arʃitɛktyr]	Architektur	*cf.* architecte
un hôtel de ville [otɛldəvil]	Rathaus	
intéressant/e [ɛ̃teresɑ̃/ɛ̃teresɑ̃t]	interessant	L'architecture de l'hôtel de ville est intéressante.
le port de pêche [pɔrdəpɛʃ]	Fischereihafen	

le port de plaisance [pɔrdəplɛzɑ̃s]	Jachthafen	
former [fɔrme] **qc**	etw. bilden	
un ensemble [ɑ̃sɑ̃bl]	Einheit	Les ports et la plage forment un ensemble unique.
unique [ynik]	einzigartig	La tour Eiffel est un monument unique.
France [frɑ̃s]	Frankreich	
agréable [agreabl]	angenehm	On a une maison très agréable à la mer.
dynamique [dinamik]	dynamisch	La ville est agréable et dynamique.
un avantage [avɑ̃taʒ]	Vorteil	Il y a des avantages à habiter en ville.
culturel/le [kyltyrɛl]	kulturell	
universitaire [ynivɛrsitɛr]	Universitäts-	La Rochelle est une ville culturelle et universitaire.
on va [ɔ̃va]	man geht	
4.		
comprendre [kɔ̃prɑ̃dr]	verstehen	Vous comprenez l'allemand?
désolé/e [desɔle]	Es tut mir Leid	Désolé, Madame.
Je ne sais pas. [ʒənəsɛpa]	Ich weiß nicht.	
Je ne suis pas d'ici. [ʒənəsɥipadisi]	Ich bin nicht von hier.	
Je peux vous aider? [ʒəpøvuzede]	Kann ich Ihnen helfen?	
gentil/le [ʒɑ̃ti/ʒɑ̃tij]	nett	Merci, c'est gentil.
toujours [tuʒur]	immer	Continuez, c'est toujours tout droit.
Je vous en prie. [ʒəvuzɑ̃pri]	Bitte schön	+Merci. -Je vous en prie.

À CÔTÉ DU PARC

7.		
à côté de [akotedə]	neben	Il y a une chaise à côté de moi.
un parc [park]	Parkanlage	À côté du parc, il y a l'office de tourisme.
les halles [al]	Markthalle	
la poste [pɔst]	Post(amt)	Je cherche des timbres à la poste.
entre [ɑ̃tr]	zwischen	Entre Paris et Berlin, il y a environ mille kilomètres.
Beaux-Arts [bozar]	die schönen Künste	Je vais au musée des Beaux-Arts.
la place du marché [plasdymarʃe]	Marktplatz	
8.		
le rempart [rɑ̃par]	Stadtmauer	
un aquarium [akwarjɔm]	Aquarium	
maritime [maritim]	maritim	En face de l'aquarium, vous avez le musée maritime.
loin (de) [lwɛ̃də]	weit weg (von)	Je n'habite pas loin de la plage.
9.		
le salon nautique [salɔ̃nɔtik]	Bootsmesse	
jusqu'à [ʒyska]	bis	Allez jusqu'à la poste.
p. 57 10.		
aller [ale]	gehen, fahren, fliegen	Tu vas où?
11.		
la pharmacie [farmasi]	Apotheke	

p. 58 13.

une activité [aktivite]	Tätigkeit	
tous les goûts [tulɛgu]	jeder Geschmack	Il y a des activités pour tous les goûts.
la peinture [pɛ̃tyr]	Malerei	Vous aimez la peinture de Monet?
la rue piétonne [rypjetɔn]	Fußgängerzone	Les rues piétonnes sont agréables.
un amateur [amatœr]	Liebhaber/in	Êtes-vous amateur de peinture?
surtout [syrtu]	vor allem	Moi, j'aime surtout l'art moderne.
la côte [kot]	Küste	La Rochelle est sur la côte.
le gourmet [gurme]	Feinschmecker/in	Il aime la cuisine française, c'est un gourmet.
les fruits de mer [frɥidmɛr]	Meeresfrüchte	À la Rochelle, on mange beaucoup de fruits de mer.
enfin [ɑ̃fɛ̃]	schließlich	
tout [tu]	*hier:* alle	
un renseignement [rɑ̃sɛɲmɑ̃]	Auskunft	Vous voulez un renseignement?
le poisson [pwasɔ̃]	Fisch	On a deux poissons dans notre aquarium.

EN VOYAGE **UNITÉ 7**

p. 61 **A**

en voyage [ɑ̃vwajaʒ]	auf Reisen, unterwegs	Nous sommes en voyage en France.
un avion [avjɔ̃]	Flugzeug	Vous prenez l'avion pour voyager?
le bus [bys]	Bus	
le vélo [velo]	Fahrrad	Prenez vos vélos pour aller au parc.

le métro [metro]	U-Bahn	Vous descendez à la prochaine station de métro.
la scène [sɛn]	Szene	
le moyen de transport [mwajɛ̃dətrɑ̃spɔr]	Verkehrsmittel	Le train est mon moyen de transport préféré.
poser [poze] **des questions**	Fragen stellen	Pose ta question au professeur.
répondez [repɔ̃de]	antworten Sie	
en général [ɑ̃ʒeneral]	in der Regel, im Allgemeinen	Il arrive en général après dix heures.
voyager [vwajaʒe]	reisen	Vous voyagez en famille?
à pied [apje]	zu Fuß	Je préfère aller en ville à pied, c'est plus agréable.

p. 62

VOUS ALLEZ OÙ?

1.

le guichet [giʃe]	Schalter	Pour tout renseignement, vous pouvez aller au guichet de la gare
prochain/e [prɔʃɛ̃/prɔʃɛn]	nächste/r/s	L'année prochaine, on va en Corse.
pour [pur]	*hier:* nach	
Il est à quelle heure [ilɛtakɛlœr]	*hier:* um wie viel Uhr ist ...	Le prochain train pour Dijon, il est à quelle heure?
pouvoir [puvwar]	können	Vous pouvez m'aider s'il vous plaît?
direct/e [dirɛkt]	direkt	Est-ce que le train est direct?
devoir [dəvwar]	müssen	Vous devez réserver vos billets.
changer [ʃɑ̃ʒe]	umsteigen	Vous devez changer à Strasbourg.

la correspondance [kɔrɛspɔ̃dɑ̃s]	Anschluss	La correspondance est à 14 heures 55.
arriver [arive]	ankommen	L'avion arrive à Marseille à 15 heures 50.
le billet [bijɛ]	Fahrkarte, Flugticket	Je voudrais un billet d'avion pour Bruxelles.
réserver [rezɛrve] **qc**	etw. reservieren	Je peux réserver un billet aller retour?
tard [tar]	spät	Il est tard, je dois aller chez moi.
la classe [klas]	Klasse	Mes parents voyagent toujours en première classe.
un aller simple [alesɛ̃pl]	einfache Fahrt	Un aller simple pour Grenoble, s'il vous plaît.
un aller retour [alerətur]	Hin- und Rückfahrt	≠ aller simple
ça fait combien? [safɛkɔ̃bjɛ̃]	Was kostet das?	Un aller simple, ça fait combien?
quatre-vingt [katrvɛ̃]	achtzig	
la voiture-restaurant [vwatyrrɛstɔrɑ̃]	Speisewagen	Il y a une voiture-restaurant dans le train?
accepter [aksɛpte] **qc**	etw. annehmen, akzeptieren	
la carte bancaire [kartbɑ̃kɛr]	Bank-, Kreditkarte	Vous acceptez les cartes bancaires?
3.		
compléter [kɔ̃plete] **qc**	etw. ergänzen	Vous devez compléter la fiche d'inscription.
la conversation [kɔ̃vɛrsasjɔ̃]	Gespräch	Je dois avoir une conversation avec toi.
téléphonique [telefɔnik]	telefonisch	
seulement [sœlmɑ̃]	erst	J'arrive seulement demain.
pas de problème [padprɔblɛm]	kein Problem	Il n'y a pas de problème pour prendre son vélo dans le train?

p. 63 4.

regarder [rəgarde] **qc**	etw. anschauen	Mon frère <u>regarde</u> beaucoup la télévision.
un horaire [ɔrɛr]	Fahrplan	Vous avez les <u>horaires</u> du bus?
quels [kɛl]	welche/r/s	<u>Quels</u> sont vos loisirs?
vouloir [vulwar] **faire qc**	etw. machen wollen	Je <u>veux</u> prendre mon vélo dans le train.
handicapé/e [ɑ̃dikape]	behindert	
la couchette [kuʃɛt]	Liegewagen	Je voudrais réserver une <u>couchette</u> pour le voyage en train.
une adresse [adrɛs]	Adresse	Vous avez <u>l'adresse</u> de l'hôtel?

5.

noter [nɔte]	aufschreiben, notieren	Tu peux <u>noter</u> les horaires des bus?
une heure [œr]	Uhrzeit	Est-ce que vous avez l'<u>heure</u>, s'il vous plaît?
le départ [depar]	Abfahrt	

6.

préparer [prepare] **qc**	etw. vorbereiten	Qui <u>prépare</u> le dîner aujourd'hui?
mini- [mini]	Mini-	Jouez une <u>mini</u>-scène.

p. 64

À L'AÉROPORT

7.

un aéroport [aerɔpɔr]	Flughafen	Il y a deux <u>aéroports</u> à Paris.
corriger [kɔriʒe] **qc**	etw. verbessern	
si nécessaire [sinesesɛr]	wenn nötig	Corrigez <u>si nécessaire</u>.
le bagage [bagaʒ]	Gepäck	Nous avons trois valises comme <u>bagages</u>.
la valise [valiz]	Koffer	

possible [pɔsibl]	möglich	Est-ce que c'est possible de réserver?
la place côté fenêtre [plaskotefənɛtr]	Fensterplatz	Je préfère avoir une place côté fenêtre.
la carte d'embarquement [kartdɑ̃barkəmɑ̃]	Bordkarte	Vous devez avoir votre carte d'embarquement pour prendre l'avion.
présentez-vous [prezɑ̃tevu]	melden Sie sich	
la porte [pɔrt]	*hier:* Gate, Flugsteig	Présentez-vous à la porte 25.
le jambon [ʒɑ̃bɔ̃]	Schinken	
le fromage [frɔmaʒ]	Käse	Je voudrais une pizza jambon fromage.
manger [mɑ̃ʒe] **qc**	etw. essen	On mange au restaurant?
quelque chose [kɛlkəʃoz]	etwas	Tu veux prendre quelque chose au bar?
seulement [sœlmɑ̃]	nur	Je prends seulement un Perrier.
la voilà [lavwala]	da ist sie	Où est ma carte? Ah, la voilà.
le comptoir [kɔ̃twar]	*hier:* Schalter	Excusez-moi, je cherche le comptoir Air France.
payer [peje] **qc**	etw. bezahlen	Je paie les boissons.
8.		
le réseau [rezo]	Netz	Il y a un bon réseau de trains en France.
le vocabulaire [vɔkabylɛr]	Wortschatz	Cherchez le vocabulaire du voyage.
la compagnie aérienne [kɔ̃paɲiaerjɛn]	Fluggesellschaft	Air France est une compagnie aérienne.
9.		
le pays [pei]	Land	On parle français dans beaucoup de pays d'Afrique.
suivant/e [sɥivɑ̃/sɥivɑ̃t]	folgende/r/s	Discutez des problèmes suivants.
l'Angleterre *f.* [ɑ̃glətɛr]	England	Elle habite en Angleterre.
l'Autriche *f.* [otriʃ]	Österreich	

l'Espagne *f.* [ɛspaɲ]	Spanien	
la Grèce [grɛs]	Griechenland	
la Suisse [sɥis]	Schweiz	
le Canada [kanada]	Kanada	
le Japon [ʒapɔ̃]	Japan	
le Maroc [marɔk]	Marokko	Je voyage au Maroc.
les États-Unis *m. Pl.* [etazyni]	USA	
le vol [vɔl]	Flug	Pour aller aux États-Unis, vous pouvez prendre un vol Air France.
p. 65 10.		
une addition [adisjɔ̃]	Addition	Tu fais l'addition.
ajouter [aʒute] **qc**	etw. hinzufügen	
le nombre [nɔ̃br]	Zahl	
11.		
quelqu'un [kɛlkɛ̃]	jemand	Il y a quelqu'un?
écrit [ekri]	schreibt	*cf.* écrire
le chiffre [ʃifr]	Ziffer, Zahl	Vingt et un est un nombre à deux chiffres.
le tableau [tablo]	Tafel	Le professeur écrit les nombres au tableau.
inverser [ɛ̃vɛrse] **qc**	etw. umdrehen	
d'après le modèle [daprɛləmɔdɛl]	nach dem Modell	Continuez d'après le modèle.
12.		
le numéro [nymero]	Nummer	Quel est ton numéro de portable?

13.		
donner [dɔne]	geben	
le dialogue [djalɔg]	Dialog	
appeler [apəle] **qn**	jdn rufen	J'appelle le 31 45 55 82.
p. 66 **14.**		
le (vin) rosé [vɛ̃roze]	Rosewein	
le cocktail [kɔktɛl]	Cocktail	
la pomme [pɔm]	Apfel	Je prends un jus de pomme.
un expresso [ɛksprɛso]	Espresso	
la quiche [kiʃ]	Quiche	
le croque-madame [krɔkmadam]	getoastetes Käse-Schinken-Sandwich mit Spiegelei	
la frite [frit]	Pommes frites	Un croque-monsieur et une grande frite, s'il vous plaît.
15.		
le groupe [grup]	Gruppe	On fait des groupes de trois.
les autres [otr]	die anderen	
le/la client/e [klijɑ̃/klijɑ̃t]	Kunde/Kundin	
commander [kɔmɑ̃de] **qc**	etw. bestellen	On commande une pizza?
le/la voisin/e [vwazɛ̃/vwazin]	Nachbar/in	
Qu'est-ce que vous faites dans la vie? [kɛskəvufɛtdɑ̃lavi]	Was machen Sie beruflich?	= Qu'est-ce que vous faites comme métier?
demander [dəmɑ̃de] **qc**	*hier:* um etw. bitten	Vous demandez l'addition, s'il vous plaît?
une addition [adisjɔ̃]	*hier:* Rechnung	L'addition, s'il vous plaît!

p. 69

A

ouvert/e [uvɛr/uvɛrt]	geöffnet, offen	La pharmacie est ouverte toute la nuit.
le jour [ʒur]	Tag	Quel jour sommes-nous?
la nuit [nɥi]	Nacht	≠ jour
Canal+ [kanalplys]	*französischer Pay TV- Kanal*	
le satellite [satelit]	Satellit	
non-fumeur [nɔ̃fymœr]	Nichtraucher-	Est-ce que le vol est non-fumeur?
le minibar [minibar]	Minibar	
la prise [priz]	Steckdose	Il n'y a pas de prise téléphone dans la pièce?
le modem [mɔdɛm]	Modem	
le confort [kɔ̃fɔr]	Komfort	
ci-dessus [sidəsy]	obengenannt	
le critère [kritɛr]	Kriterium	
calme [kalm]	ruhig	
important/e [ɛ̃pɔrtɑ̃/ɛ̃pɔrtɑ̃t]	wichtig	
propre [prɔpr]	sauber	La salle de bains n'est pas propre.

p. 70 À LA RÉCEPTION

1.

la réception [resɛpsjɔ̃]	Empfang	J'appelle la réception pour commander le petit-déjeuner.
cocher [kɔʃe] **qc**	etw. ankreuzen	
bon/ne [bɔ̃/bɔn]	*hier:* richtig	
la réponse [repɔ̃s]	Antwort	Cochez la bonne réponse.
Vous avez réservé? [vuzaverezɛrve]	Haben Sie reserviert?	
libre [libr]	frei	Est-ce que la place est libre?
le lit [li]	Bett	Il voudrait une chambre à deux lits.
beau/belle [bo/bel]	schön	La France est un beau pays.
coûter [kute]	kosten	Combien coûte la chambre?
le petit-déjeuner [pətideʒøne]	Frühstück	
compris/e [kɔ̃pri/kɔ̃priz]	inbegriffen, inklusiv	Le petit-déjeuner est compris.
par personne [parpersɔn]	pro Person	
donner sur [dɔnesyr] **qc**	auf etw. hinausgehen	La chambre donne sur la mer.
épeler [epəle] **qc**	etw. buchstabieren	Vous pouvez épeler votre nom, s.v.p.?
par [par]	*hier:* mit	Je peux payer par carte bancaire?
la clé [kle]	Schlüssel	Tu as les clés de la voiture?
le séjour [seʒur]	Aufenthalt	Bon séjour Madame.
par téléphone [partelefɔn]	telefonisch	Vous avez réservé par téléphone?
il voudrait [ilvudrɛ]	er möchte	
double [dubl]	Doppel	- Il voudrait une chambre double.
non compris [nɔ̃kɔ̃pri]	nicht inbegriffen	

bruyant/e [bryjɑ̃/bryjɑ̃t]	laut	≠ calme
en liquide [likid]	in bar	Monsieur Schneider paie en liquide.
un escalier [ɛskalje]	Treppe	La chambre est en face de l'escalier.
2.		
la chambre simple [ʃɑ̃brsɛ̃pl]	Einzelzimmer	Vous voulez une chambre simple ou double?
en haut de [ɑ̃odə]	oben	Vous avez la chambre 12, en haut de l'escalier.

p. 71

3.		
la lettre [lɛtr]	Buchstabe	Il y a 26 lettres dans l'alphabet français.
un alphabet [alfabe]	Alphabet	
la différence [diferɑ̃s]	Unterschied	
allemand *m.* [almɑ̃]	Deutsch	Vous parlez allemand?
4.		
écrivez [ekrive]	schreiben Sie	*cf.* écrire
épelé [epəle]	buchstabiert	*cf.* épeler
5.		
la réservation [rezɛrvasjɔ̃]	Reservierung	*cf.* réserver
le mot [mo]	Wort	
approprié/e [aprɔprije]	geeignet	
suite à [sɥita]	im Anschluss an	
un appel [apɛl]	*hier:* Anruf	Suite à mon appel téléphonique…
le matin [matɛ̃]	Vormittag	
ce matin [səmatɛ̃]	heute morgen	Mon père arrive ce matin.
Je vous confirme … [ʒəvukɔ̃firm]	Ich bestätige Ihnen …	

lundi *m.* [lɛ̃di]	Montag	
jeudi *m.* [ʒødi]	Donnerstag	
mai *m.* [mɛ]	Mai	
Veuillez agréer mes salutations distinguées [vœjezagreemɛsalytasjɔ̃distɛ̃ge]	Hochachtungsvoll, mit freundlichen Grüßen	
le mois [mwa]	Monat	Je vais en Angleterre le mois prochain.
une année [ane]	Jahr	
janvier *m.* [ʒɑ̃vje]	Januar	Aujourd'hui, on est le 10 janvier.
février *m.* [fevrije]	Februar	
mars *m.* [mars]	Mars	
avril *m.* [avril]	April	
juin *m.* [ʒɥɛ̃]	Juni	
juillet *m.* [ʒɥije]	Juli	
août *m.* [u(t)]	August	
septembre *m.* [sɛptɑ̃mbr]	September	
octobre *m.* [ɔktɔbr]	Oktober	
novembre *m.* [nɔvɑ̃br]	November	
décembre *m.* [desɑ̃br]	Dezember	
mardi *m.* [mardi]	Dienstag	
mercredi *m.* [mɛrkrədi]	Mittwoch	
vendredi *m.* [vɑ̃drədi]	Freitag	
samedi *m.* [samdi]	Samstag	On fait la fête samedi?
dimanche *m.* [dimɑ̃ʃ]	Sonntag	

6.

à deux [adø]	zu Zweit	
une information [ɛ̃fɔrmasjɔ̃]	Information	= renseignement
voir [vwar]	*hier:* siehe	
le symbole [sɛ̃bɔl]	Symbol	
la page [paʒ]	Seite	
changer de [ʃɑ̃ʒedə] **qc**	etw. wechseln	
le rôle [rol]	Rolle	Changez de rôle.

p. 72 L'ACCUEIL EST EXCELLENT!

7.

un accueil [akœj]	Empfang	
excellent/e [ɛkselɑ̃/ɛkselɑ̃t]	hervorragend	La cuisine est excellente.
passer [pase] **qc**	etw. verbringen	On passe une journée à la mer.
lisez [lize]	lesen Sie	*cf.* lire
une annonce [anɔ̃s]	Anzeige, Annonce	Je dois lire les annonces pour trouver un appartement.
un hébergement [ebɛrʒəmɑ̃]	Unterkunft	
le week-end [wikɛnd]	Wochenende	
goûter [gute] **qc**	etw. kosten, probieren	Tu veux goûter ce vin?
la spécialité [spesjalite]	Spezialität	Quelles sont les spécialités de la région?
régional/e [reʒjonal]	regional	*cf.* région
la chambre d'hôtes [ʃɑ̃brdot]	Gästezimmer *(Bed and Breakfast)*	

plusieurs [plyzjœr]	mehrere	Vous restez plusieurs nuits?
vieux/vieille [vjø/vjɛj]	alt	Nous habitons une vieille maison.
un arbre [arbr]	Baum	
local/e [lɔkal]	örtlich	Goûtez la cuisine locale.
le gîte rural [ʒitryral]	Ferienunterkunft auf dem Lande	
souhaiter [swete]	wünschen	Mon mari souhaite passer des vacances en Autriche.
la région [reʒjɔ̃]	Region	La Bourgogne est une belle région.
le cadre [kadr]	Lage, Umgebung	
exceptionnel/le [ɛksɛpsjɔnɛl]	außergewöhnlich	Notre gîte est dans un cadre exceptionnel.
idéal/e [ideal]	ideal	Le gîte est idéal pour visiter la Bourgogne.
le site [sit]	Gebiet	C'est un site exceptionnel.
le camping [kɑ̃piŋ]	Camping, Campingplatz	
municipal/e [mynisipal]	kommunal	
une étoile [etwal]	Stern	C'est un hôtel quatre étoiles.
la date d'ouverture [datduvɛrtyr]	Öffnungszeit	Les dates d'ouverture sont du 15 mars au 31 octobre.
le budget [bydʒɛ]	Budget	Le camping, c'est bien pour les petits budgets.
la formule [fɔrmyl]	*hier:* Angebot	
économique [ekɔnɔmik]	sparsam	Le camping, c'est une formule économique.
une ambiance [ɑ̃bjɑ̃s]	Atmosphäre, Stimmung	L'ambiance est agréable.
le chalet [ʃale]	Chalet	
la solution [sɔlysjɔ̃]	Lösung	C'est une bonne solution.

la tente [tɑ̃t]	Zelt	On prend la tente pour les vacances.
la caravane [karavan]	Wohnwagen	
proposer [prɔpose] **qc**	etw. anbieten	
une alternative [altɛrnativ]	Alternative	Il propose l'alternative de prendre le petit-déjeuner chez lui.
le tourisme [turism]	Tourismus	
vert/e [vɛr/vɛrt]	grün, *hier:* auf dem Land	
à la française [alafrɑ̃sɛz]	nach französischer Art	
la caractéristique [karakteristik]	(typisches) Merkmal, Charakteristikum	
l'authenticité *f.* [otɑ̃tisite]	Echtheit	

p. 73

9.

la forme [fɔrm]	Form	
adéquat/e [adekwa/adekwat]	passend	
cher/ère [ʃɛr]	liebe/r/s	Chère Maryse, ...
à bientôt [abjɛ̃to]	bis bald	
amitiés *f.Pl.* [amitje]	liebe Grüße *(Briefschluss)*	

10.

content/e [kɔ̃tɑ̃/kɔ̃tɑ̃t]	zufrieden	Il est très content de ses vacances.
mécontent/e [mekɔ̃tɑ̃/mekɔ̃tɑ̃t]	unzufrieden	Il est mécontent de l'accueil de l'hôtel.
marcher [marʃe]	*hier:* funktionieren	La télévision ne marche pas.
commencer [kɔmɑ̃se]	beginnen	Les vacances commencent mal!
vraiment [vrɛmɑ̃]	wirklich	C'est vraiment une très bonne chambre d'hôtes.

satisfait/e [satisfɛ/satisfɛt]	zufrieden	Je suis satisfaite de mon séjour.
la douche [duʃ]	Dusche	Vous voulez une chambre avec douche?
froid/e [frwa/frwad]	kalt	L'eau de la mer est froide.
11.		
réécouter [reekute] **qc**	etw. noch einmal hören	Tu veux réécouter la chanson?
la réaction [reaksjɔ̃]	Reaktion	
justifier [ʒystifje] **qc**	etw. rechtfertigen	
12.		
le/la réceptionniste [resɛpsjɔnist]	Empfangschef/in	*cf.* réception
Vous avez consommé… [vuzavekɔ̃sɔme]	Sie haben … verbraucht/ … zu sich genommen	Vous avez consommé des boissons au bar?
la note [nɔt]	Hotelrechnung	Vous pouvez préparer la note, s'il vous plaît?
p. 74 **13.**		
correspondant [kɔrɛspɔ̃dɑ̃] **à qc**	*hier:* die einer Sache entsprechen	Tu as trouvé la clé correspondant à ce numéro?
changer [ʃɑ̃ʒe] **qc**	*hier:* etw. ändern	
le menu [məny]	Menü	Quel est le menu de ce soir?
rester [rɛste]	bleiben	Le cinéma reste le loisir préféré des Français.
chaud/e [ʃo/ʃod]	heiß, warm	≠ froid
les céréales *f. Pl.* [sereal]	Müsli, Haferflocken, Cornflakes, Getreide	
le pain [pɛ̃]	Brot	
la confiture [kɔ̃fityr]	Marmelade	

en revanche [ɑ̃rəvɑ̃ʃ]	hingegen	Je ne suis pas là aujourd'hui. En revanche, je suis là demain.
quand [kɑ̃]	*hier:* wenn	
se faire plaisir [səfɛrplezir]	sich eine Freude machen	Pour se faire plaisir, les Français vont au restaurant.
le croissant [krwasɑ̃]	Croissant	
74% boivent ... [swasɑ̃tkatɔrzpursɑ̃bwav]	74 % trinken ...	
le yaourt [jaurt]	Joghurt	
un œuf [œf]	Ei	
la charcuterie [ʃarkytri]	Wurst(waren)	
le buffet [byfe]	Büfett	
préféré/e [prefere]	bevorzugt	*cf.* préférer
contre [kɔ̃tr]	gegen	
qui [ki]	*hier:* die (*Relativpronomen*)	
la qualité [kalite]	Qualität	
les horaires [ɔrɛr]	*hier:* Bedienungszeiten	
14.		
décaféiné [dekafeine]	koffeinfrei	
le fruit [frɥi]	Obst	
frais/fraîche [frɛ/frɛʃ]	frisch	
pressé/e [prese]	gepresst	Un jus d'orange pressé, s'il vous plaît.
le pamplemousse [pɑ̃pləmus]	Grapefruit	
le légume [legym]	Gemüse	
le melon [məlɔ̃]	Melone	
selon [səlɔ̃]	je nach	

la saison [sɛzɔ̃]	Jahreszeit	Le melon est un fruit de <u>saison</u>.
le fromage blanc [frɔmaʒblɑ̃]	Quark	
fermier [fɛrmje]	*hier:* nach Bauernart	
la sélection [selɛksjɔ̃]	Auswahl	
nature [natyr]	Natur-, pur	Tu préfères les yaourts <u>nature</u> ou aux fruits?
maigre [mɛgr]	mager	
la convenance [kɔ̃vənɑ̃s]	Belieben	Nous préparons les oeufs à votre <u>convenance</u>.
œuf à la coque [œfalakɔk]	weichgekochtes Ei	
œuf au plat [œfopla]	Spiegelei	
œuf poché [œfpoʃe]	pochiertes Ei	
œuf brouillé [œfbruje]	Rührei	
le bacon [bekɔn]	Speck	On fait une omelette au fromage et <u>bacon</u> pour le dîner?
la saucisse [sosis]	Würstchen	
une omelette [ɔmlɛt]	Omelette	
le champignon [ʃɑ̃piŋɔ̃]	Champignon	
la boulangerie [bulɑ̃ʒri]	Bäckerei	
la corbeille [kɔrbɛj]	Korb	Les croissants sont dans la <u>corbeille</u>.
le/la boulanger/ère [bulɑ̃ʒe/bulɑ̃ʒɛr]	Bäcker/in	
un assortiment de [asɔrtimɑ̃də]	Auswahl, Sortiment von	Je voudrais un <u>assortiment de</u> petits pains, s'il vous plaît.
la viennoiserie [vjɛnwazri]	Milchbrotsorten	
le beurre [bœr]	Butter	Tu aimes le <u>beurre</u> sur ton pain?

le miel [mjɛl]	Honig	
net/te [nɛt]	netto	Ici, les prix sont nets.

p. 81 A

la tour [tur]	Turm	Vous connaissez la tour Montparnasse?
le cimetière [simtjɛr]	Friedhof	Le cimetière est près de l'église.
un institut [ɛ̃stity]	Institut	
le monde [mɔ̃d]	Welt	Il voyage beaucoup dans le monde.
arabe [arab]	arabisch	L'Institut du Monde Arabe
la bibliothèque [biblijɔtɛk]	Bibliothek	J'aime lire des livres à la bibliothèque.
vous connaissez [vukɔnɛse]	Sie kennen	Vous connaissez Jacques Prévert?
je connais [ʒəkɔnɛ]	ich kenne	Je ne connais pas beaucoup Paris.
Vous êtes déjà allé/e… [vuzɛtdeʒaale]	Waren Sie schon mal…?	Vous êtes déjà allé à Versailles?
déjà [deʒa]	schon	Tu as déjà mangé des fruits de mer?
J'ai visité [ʒɛvizite]	Ich habe besichtigt	J'ai visité le musée Picasso à Paris.

p. 82 PARIS EXPRESS

1.

demander [dəmɑ̃de] **qc**	nach etw. fragen	Tu peux demander l'heure?
le chemin [ʃəmɛ̃]	Weg	Tu connais le chemin pour aller à la plage?
prendre des notes [prɑ̃drdenɔt]	Notizen machen	Paul prend des notes de ses voyages.
suivez [sɥive]	Folgen Sie	Suivez l'avenue Jean Jaurès jusqu'au pont.

le plan [plɑ̃]	Plan	Tu as un plan de la ville?
à la fin [alafɛ̃]	am Ende	J'arrive à la fin du film.
une hypothèse [ipɔtɛz]	Hypothese	
le RER [ɛrøɛr] **(Réseau Express Régional)**	S-Bahn in Paris und Umgebung	J'habite près du RER.
la ligne [liŋ]	Linie	Quelle ligne je prends pour aller chez toi?
la direction [dirɛksjɔ̃]	Richtung	Pour aller au Mans, prenez direction Paris.
vous descendez [vudesɑ̃de]	Sie steigen aus	Vous descendez où?
le terminus [tɛʀminys]	Endstation	Vous prenez le train jusqu'au terminus.
descendre [desɑ̃dr]	aussteigen	Vous devez descendre à Gare de Lyon.
2.		
choisissez [ʃwazise]	wählen Sie	Quel pays vous choisissez pour les vacances?
la curiosité [kyrjozite]	Sehenswürdigkeit	
3.		
vérifier [verifje] **qc**	etw. überprüfen	Vérifiez les mots dans le dictionnaire.
une affirmation [afirmasjɔ̃]	Aussage, Behauptung	
enfin [ɑ̃fɛ̃]	endlich	Tu arrives enfin!
tu attends [tyatɑ̃]	du wartest	Tu attends là, je vais à la boulangerie.
depuis [dəpɥi]	seit	Je travaille depuis le mois de mai.
longtemps [lɔ̃tɑ̃]	lange	J'ai longtemps habité à Paris.
faire un tour [fɛrɛ̃tur]	eine Runde drehen	On fait un tour en ville?
la foule [ful]	Menge	Quelle foule dans les magasins!
venir [vənir	kommen	Vous voulez venir en train?
connaître [kɔnɛtr] **qn/qc**	jdn/etw. kennen	Nous ne connaissons pas vos enfants.

génial/e [ʒenjal]	genial, super	C'est un film génial!
tropical/e [trɔpikal]	tropisch	Vous avez déjà visité un pays tropical?
le chauffeur [ʃofœr]	Fahrer/in	Ma soeur est chauffeur de bus.
le quai [kɛ]	Ufer	Les quais de la Seine sont agréables pour les promenades.
admirer [admire] **qc**	etw. bewundern	J'ai admiré «La Joconde» au musée du Louvre.

p. 83

4.		
une expression [ɛkspresjɔ̃]	Ausdruck	«Oh, là, là» est une expression française.
correspondant/e [kɔrɛspɔ̃dɑ̃/kɔrɛspɔ̃dɑ̃t]	entsprechend	
6.		
le programme [prɔgram]	Programm	On a un programme génial pour le week-end.
7.		
hier [jɛr]	gestern	Hier, j'ai visité le musée Rodin.
Je t'embrasse/je vous embrasse [ʒətɑ̃bras/ʒəvuzɑ̃bras]	Gruß	Je t'embrasse, à demain.

p. 84

À PARIS AVEC AMÉLIE

8.		
le film [film]	Film	
fabuleux/euse [fabylø/fabyløz]	fabelhaft	C'est une histoire fabuleuse!
le destin [dɛstɛ̃]	Schicksal	
essayer [eseje] **de faire qc**	versuchen etwas zu tun	J'ai essayé de parler avec elle, mais elle n'écoute pas.

deviner [dəvine] **qc**	etw. erraten	Devinez où je suis!
une histoire d'amour [istwardamur]	Liebesgeschichte	C'est une belle histoire d'amour.
le policier [pɔlisje]	Krimi	
le film d'action [filmdaksjɔ̃]	Actionfilm	Tu aimes les films d'action?
avoir lieu [avwarljø]	stattfinden	La fête a lieu dans le quartier latin.
le quartier [kartje]	Viertel	J'habite un quartier agréable.
le personnage [persɔnaʒ]	Figur	Arlequin est un personnage de théâtre.
principal/e [prɛ̃sipal]	Haupt-	Amélie est le personnage principal du film.
jeune [ʒœn]	jung	≠ vieux
la grand-mère [grɑ̃mɛr]	Großmutter	Mes enfants adorent leur grand-mère.
9.		
sur les pas de [syrlepadə]	auf den Spuren von	On visite Montmartre sur les pas d'Amélie.
décrivez [dekrive]	beschreiben Sie	Décrivez son chemin.
le succès [syksɛ]	Erfolg	Le film a beaucoup de succès.
changer [ʃɑ̃ʒe]	*hier:* (sich) verändern	Ma vie a changé depuis ton départ.
tourner [turne]	*hier:* drehen	Le réalisateur a tourné son film dans un café.
le moulin [mulɛ̃]	Mühle	En Hollande, il y a beaucoup de moulins.
célèbre [selɛbr]	berühmt	Catherine Deneuve est une actrice célèbre.
le demi [dəmi]	*hier:* Glas Bier vom Fass	Un demi, une eau minérale et un café, s'il vous plaît.
le comptoir [kɔ̃twar]	Theke	On prend un apéritif au comptoir?
plus [ply]	mehr	
plus longtemps [plylɔ̃tɑ̃]	länger	Tu veux rester plus longtemps à la plage?
la crème brûlée [krɛmbryle]	Milch-Eierspeise	

un endroit [ɑ̃drwa]	Ort	Tu connais un endroit où on peut manger des fruits de mer?
populaire [pɔpylɛr]	*hier:* Arbeiter-, Volks-	La rue Lepic est une rue populaire.
une épicerie [episri]	Lebensmittelgeschäft	Les enfants, allez à l'épicerie et achetez des oeufs.
le/la patron/ne [patrɔ̃]	*hier:* Wirt/in	Le patron du restaurant est très agréable.
garder [garde] **qc**	etw. bewahren	J'ai gardé mes livres d'école.
le décor [dekɔr]	Dekor	Il y a des décors super dans ce film.
déclarer [deklare] **qc**	etw. erklären	L'acteur a déclaré: «C'est mon film préféré».
p. 85 11.		
un/une acteur/trice [aktœr/aktris]	Schauspieler/in	Jeanne Moreau est une actrice française.
né/e [ne]	geboren	Audrey est née le 9 août 1978.
le lycée [lise]	Oberstufe des Gymnasiums	
une université [ynivɛrsite]	Universität	*cf.* universitaire
le cours [kur]	Unterricht	Tu vas au cours de français?
vite [vit]	schnell	Venez vite, le train arrive.
le/la réalisateur/trice [realizatœr/realizatris]	Regisseur/in	Luc Besson est le réalisateur de «Le Grand bleu».
faire la connaissance de [fɛrlakɔnɛsɑ̃sdə] **qn**	jdn kennen lernen	J'ai fait la connaissance de mon mari en vacances.
tout de suite [tudsɥit]	sofort	Je suis arrivée tout de suite après ton appel.
depuis [dəpɥi]	*hier:* seitdem	
naturel/le [natyrɛl]	natürlich	Elle est restée naturelle.

12.

le verbe [vɛrb]	Verb	
tirer [tire] **qc**	etw. ziehen	Tirez une carte.
lancer [lɑ̃se] **qc**	etw. werfen	Lancez le dé.
le dé [de]	Würfel	
la phrase [fraz]	Satz	Corrigez les phrases fausses.

13.

imaginer [imaʒine] **qc**	sich etw. ausdenken, sich etw. vorstellen	

p. 86

14.

le magazine [magazin]	Zeitschrift	J'aime lire les magazines de mode.
comparer [kɔ̃pare] **qc/qn avec/à qc/qn**	etw/jdn mit etw./jdm vergleichen	
ouvrent [uvr]	(sie) öffnen	*cf.* ouvert
vers [vɛr]	gegen	Les cafés ouvrent vers sept heures du matin.
un/une habitué/e [abitɥe]	Stammgast	Les clients sont des habitués.
un/une habitant/e [abitɑ̃/abitɑ̃t]	Bewohner/in	*cf.* habiter
l'homme/la femme d'affaires [ɔm/famdafɛr]	Geschäftsmann/frau	Beaucoup d'hommes d'affaires voyagent en première classe.
le taxi [taksi]	Taxi	
un artisan [artizɑ̃]	Handwerker/in	
un/une ouvrier/ère [uvrije/uvrijɛr]	Arbeiter/in	
le/la commerçant/e [kɔmɛrsɑ̃/kɔmɛrsɑ̃t]	Kaufmann/frau	Il est commerçant, il a une épicerie.
le coin [kwɛ̃]	Ecke	J'habite au coin de la rue.
le café crème [kafekrɛm]	Milchkaffee	

le petit noir [pətinwar] *ugs.*	kleiner schwarzer Kaffee	= café
le déjeuner [deʒœne]	Mittagessen	Au déjeuner, je mange souvent une salade.
le plat du jour [pladyʒur]	Tagesgericht	Il y a une quiche aux fruits de mer comme plat du jour.
le soir [swar]	Abend	≠ matin
retrouver [rətruve] **qn**	jdn wierdertreffen	On retrouve Pierre au cinéma?
le/la collègue [kɔlɛg]	Kollege/Kollegin	Je retrouve mes collègues au café après le travail.
tout le monde [tulmɔ̃d]	alle	Tout le monde est là?
discuter de la pluie et du beau temps [diskytedəlaplɥiedybotɑ̃]	Über Gott und die Welt sprechen	
la télé [tele]	Fernsehen	= télévision
le match [matʃ]	Spiel	Vous regardez les matchs de foot à la télé?
la veille [vɛj]	Vortag	La veille de mon départ, j'ai mangé avec des amis.
un peu [ɛ̃pø]	ein bisschen	Je parle un peu allemand.
comme [kɔm]	*hier:* wie	

À TABLE **UNITÉ 10**

p. 89 | **A**

une épicerie [episri]	Lebensmittelgeschäft *hier:* Lebensmittelabteilung	Je vais à l'épicerie acheter des oeufs.
la crémerie [krɛmri]	Milch- und Käsegeschäft *hier:* Abteilung für Milchprodukte	

la boucherie [buʃri]	Fleischwaren	
la charcuterie [ʃarkytri]	*hier:* Metzgerei	
le sucre [sykr]	Zucker	
les pâtes *f. Pl.* [pat]	Nudeln	On fait des pâtes pour le dîner.
la conserve [kɔ̃sɛrv]	Konserve	
le riz [ri]	Reis	
le lait [lɛ]	Milch	
la viande [vjɑ̃d]	Fleisch	
le saucisson [sosisɔ̃]	Wurst(aufschnitt)	
faire les courses [fɛrlekurs]	einkaufen gehen	Qui fait les courses pour le dîner?
un exemple [ɛgzɑ̃pl]	Beispiel	= modèle
vous achetez/tu achètes/j'achète [vuzaʃte/tyaʃɛt/ʒaʃɛt]	Sie kaufen/du kaufst/ich kaufe	
de temps en temps [dətɑ̃zɑ̃tɑ̃]	ab und zu	Tu vas de temps en temps au marché?
le rayon [rɛjɔ̃]	Abteilung	Dans quel rayon je trouve le sucre?
la promotion [prɔmosjɔ̃]	Sonderangebot	Il y a une promotion sur le saucisson.
un abricot [abriko]	Aprikose	
le centime [sɑ̃tim]	Eurocent	Ça fait un euro et dix centimes.
le pot [po]	*hier:* Glas	J'ai acheté un pot de confiture
le gramme [gram]	Gramm	Je voudrais 400 grammes de viande.
le kilo [kilo]	Kilo	
la tablette [tablɛt]	Tafel	Tu prends deux tablettes de chocolat au rayon épicerie.

p. 90 ON FAIT LES COURSES

1.

un anniversaire [aniversɛr]	Geburtstag	C'est quand ton anniversaire?
une entrée [ɑ̃tre]	Vorspeise	Je fais une salade comme entrée?
le pâté [pate]	Pastete	On achète une tranche de pâté pour le pique-nique.
la blanquette de veau [blɑ̃kɛtdəvo]	Kalbsgeschnetzeltes	
le gâteau [gato]	Kuchen, Torte	Tu aimes les gâteaux au chocolat?
le dessert [desɛr]	Nachtisch	Je prends un gâteau pour le dessert.
léger/ère [leʒe/leʒɛr]	leicht	Le soir, on prend un repas léger.
le repas [rəpa]	Mahlzeit	Je prends tous mes repas à la cafétéria de l'université.
partager [partaʒe] **qc**	etw. teilen	On partage l'addition?
le traiteur [trɛtœr]	Partyservice	J'ai commandé mon repas d'anniversaire chez le traiteur.
acheter [aʃəte] **qc**	etw. kaufen	Tu achètes aussi du fromage.
le champagne [ʃɑ̃paŋ]	Champagner	
avoir le temps [avwarlətɑ̃]	Zeit haben	Je n'ai pas eu le temps de faire les courses.
le/la jeune [ʒœn]	Jugendliche/r	
sinon [sinɔ̃]	sonst	On peut aller au cinéma ce soir. Sinon, on peut aller au théâtre demain.
la cave [kav]	Keller	Il reste trois bouteilles de vin à la cave.
ne ... plus [nə...ply]	nicht mehr	Il ne reste plus de gâteau.
la crème fraîche [krɛmfrɛʃ]	Crème fraîche	

la sauce [sos]	Soße	Tu fais quelle <u>sauce</u> avec la salade?
tout [tu]	alles	C'est <u>tout</u>?
le/la boucher/ère [buʃe/buʃɛr]	Metzger/in, Fleischer/in	Je vais chez le <u>boucher</u> pour la viande.
p.91 **3.**		
un ananas [anana(s)]	Ananas	
la banane [banan]	Banane	
4.		
la boîte [bwat]	Dose	
la tranche [trɑ̃ʃ]	Scheibe	
le paquet [pakɛ]	Packung	Tu achètes un <u>paquet</u> de céréales.
le morceau [mɔrso]	Stück	
5.		
la pomme de terre [pɔmdətɛr]	Kartoffel	Il y a des <u>pommes de terre</u> à la crème fraîche pour le dîner.
C'est tout? [sɛtu]	*hier:* alles?	
Je vous dois combien? [ʒəvudwakɔ̃bjɛ̃]	*hier:* Wie viel macht das?	<u>Je vous dois combien</u> pour les courses?
Et avec ca? [eavɛksa]	noch etwas?	
À qui le tour? [akiltur]	*hier:* Reihe	C'est <u>à qui le tour</u>?
autre chose [otrʃoz]	etwas anderes	Vous souhaitez <u>autre chose</u>, Madame?
le kiwi [kiwi]	Kiwi	
6.		
le pique-nique [piknik]	Picknick	On prend du saucisson et du fromage pour le <u>pique-nique</u>.
la liste [list]	Liste	Tu as la <u>liste</u> des courses?
le produit [prodɥi]	Produkt	Il y a toujours des bons <u>produits</u> à l'épicerie.

la quantité [kɑ̃tite]	Menge	
le stand [stɑ̃d]	Stand	Il a un stand de légumes au marché.
même [mɛm]	auch, sogar	Il travaille même le dimanche.
quelques [kɛlk]	einige	J'ai acheté quelques oranges.
la pâtisserie [patisri]	Konditorei	On achète des gâteaux à la patisserie.
beaucoup de [bokudə]	viele	
fermé/e [fɛrme]	geschlossen	≠ ouvert

p. 92

JOYEUX ANNIVERSAIRE

joyeux anniversaire [ʒwajøzanivɛrsɛr]	Alles Gute zum Geburtstag	
7.		
le message [mesaʒ]	Nachricht	Tu as écouté les messages sur ton répondeur?
le répondeur [repɔ̃dœr]	Anrufbeantworter	
elle dit [ɛldi]	sie sagt	
vous êtes bien [vuzɛtbjɛ̃]	*hier:* Sie sind richtig	Vous êtes bien au 01 23 45 67 89 chez Julie et Marc.
absent/e [absɑ̃/absɑ̃t]	abwesend	Nous sommes absents jusqu'au 2 décembre.
pour le moment [purləmɔmɑ̃]	zur Zeit	
le bip [bip]	Piepton	
venir [vənir]	kommen	Tu viens au cinéma avec moi?
apporter [apɔrte] **qc**	etw. mitbringen	Je dois apporter quelque chose pour le dîner?

le cadeau [kado]	Geschenk	
la surprise [syrpriz]	Überraschung	Je n'aime pas les surprises!
encore une fois [ɑ̃kɔrynfwa]	noch einmal	
toutes nos excuses [tutnozɛkskyz]	Entschuldigung	
le retard [rətar]	Verspätung	Le train a dix minutes de retard.
une invitation [ɛ̃vitasjɔ̃]	Einladung	Merci pour votre invitation.
malade [malad]	krank	
la grippe [grip]	Grippe	Guy est malade, il a la grippe.
malheureusement [malørøzmɑ̃]	leider	
bon anniversaire [bɔnanivɛrsɛr]	Alles Gute zum Geburtstag	= joyeux anniversaire
8.		
la situation [sitɥasjɔ̃]	Situation	
relier [rəlje] **qc**	etw. verbinden	
avec plaisir [avɛkplezir]	mit Vergnügen, gern	-Tu viens à ma fête? +Avec plaisir.
9.		
Cyril vous invite [sirilvuzɛ̃vit]	Cyril lädt euch ein	
la lettre [lɛtr]	Brief	
fêter [fete]	feiern	*cf.* fête
un événement [evɛnmɑ̃]	Ereignis	Pour fêter l'événement, je vous invite au restaurant.
organiser [ɔrganize] **qc**	etw. organisieren	J'organise un pique-nique pour mon anniversaire.
compter sur [kɔ̃tesyr] **qn/qc**	sich auf jdn/etw. verlassen, mit jdm/etw. rechnen	Tu peux compter sur nous pour la fête.

10.		
faire la grasse matinée [fɛrlagrasmatine]	bis in die Puppen schlafen	J'aimerais faire la grasse matinée dimanche.
midi *m.* [midi]	Mittag	À midi, je mange avec mes collègues.
11.		
un/une invité/e [ɛ̃vite]	Gast	*cf.* inviter
Trouvez l'intrus. [truvelɛ̃try]	Was/wer gehört nicht dazu?	
le secret [səkrɛ]	Geheimnis	Quel est le secret de votre succès?
je vous sers encore de… [ʒəvusɛrɑ̃kɔrdə]	Darf ich Ihnen noch etwas geben?	
volontiers [vɔlɔ̃tje]	gern	= avec plaisir
avoir faim [avwarfɛ̃]	Hunger haben	J'ai très faim ce midi.
reprendre [rəprɑ̃dr] **qc**	noch (etwas) nehmen	Je veux bien reprendre du dessert.
j'aimerais (bien) [ʒɛmrɛbjɛ̃]	ich möchte (gern)	J'aimerais bien manger au restaurant ce soir.
la recette [rəsɛt]	Rezept	Vous avez la recette de la blanquette?
un peu de [ɛ̃pødə]	etwas von	≠ beaucoup de
juste [ʒyst]	nur	
un tout petit peu [ɛ̃tupətipødə]	ein ganz klein bisschen	*cf.* un peu de
délicieux/euse [delisjø/delisjøz]	köstlich	La quiche est vraiment délicieuse.
avoir soif [avwarswaf]	Durst haben	J'achète une bouteille d'eau, j'ai soif.
santé *f.* [sɑ̃te]	Gesundheit *hier:* prost!	Santé!
12.		
prêter [prete] **qc à qn**	jdm etw. ausleihen	J'ai prêté mon livre à ma copine.
la voix [vwa]	Stimme	Elle a une belle voix.
la synchronisation [sɛ̃krɔnizasjɔ̃]	Synchronisation	

p. 94 13.

l'étranger *m.* [etrɑ̃ʒe]	Ausland	Il habite à <u>l'étranger</u> depuis longtemps.
voit [vwa]	(er/sie) sieht	
le camembert [kamɑ̃bɛr]	Camembert	
japonais/e [ʒapɔnɛ/ʒapɔnɛz]	japanische/r/s	Tu aimes la cuisine <u>japonaise</u>?
le gouda [guda]	Gouda	
tu entends [tyɑ̃tɑ̃]	du hörst	
que [kə]	*hier:* die	
la clientèle [klijɑ̃tɛl]	Kundschaft	*cf.* client
véritable [veritabl]	echt	C'est un <u>véritable</u> amateur de peinture.
normand/e [nɔrmɑ̃/nɔrmɑ̃d]	normannisch	
je vois que [ʒəvwakə]	ich sehe, dass	<u>Je vois que</u> tu as déjà acheté du pain.
pareil/le [parɛj]	gleich	

LES 4 SAISONS **UNITÉ 11**

p. 97 **A**

la cueillette [køjɛt]	Pflücken	En été, on fait la <u>cueillette</u> des fruits.
la fleur [flœr]	Blume	
le/la semeur/euse [səmœr/səmøz]	Sämann, Säerin	
la neige [nɛʒ]	Schnee	Vous avez beaucoup de <u>neige</u> à Strasbourg en hiver?
le tableau [tablo]	Gemälde	Tu connais ce <u>tableau</u> de Monet?
penser [pɑ̃se] **à qn/qc**	an jdn/etw. denken	Tu <u>as pensé</u> à mes courses?
un automne [otɔn]	Herbst	

le printemps [prɛ̃tɑ̃]	Frühling	Le printemps commence le 21 mars.
un été [ete]	Sommer	En été, on va à la mer
un hiver [ivɛr]	Winter	
état d'âme [etadam]	Stimmung, Gemütszustand	Tu as trop d'état d'âme pour lui.
chaque [ʃak]	jede/r/s	Chaque année, on loue une maison à La Rochelle.
gai/e [gɛ]	froh	C'est un enfant toujours gai.
triste [trist]	traurig	≠ gai
optimiste [ɔptimist]	optimistisch	
pessimiste [pesimist]	pessimistisch	≠ optimiste
déprimé/e [deprime]	deprimiert	
en forme [ɑ̃fɔrm]	fit	Elle aime le sport, elle est en forme.
fatigué/e [fatige]	müde	≠ en forme

p. 98

QUEL TEMPS FAIT-IL?

1.

Quel temps fait-il? [kɛltɑ̃fɛtil]	Wie ist das Wetter?	
il fait chaud [ilfɛʃo]	es ist warm	
un orage [oraʒ]	Gewitter	On a eu de la pluie et de l'orage hier.
il pleut [ilplø]	es regnet	
le ciel [sjɛl]	Himmel	
couvert/e [kuvɛr/kuvɛrt]	bedeckt	Le ciel est couvert.
en plus [ɑ̃plys]	außerdem	Je suis fatigué, en plus, j'ai faim.
il fait froid [ilfɛfrwa]	es ist kalt	≠ il fait chaud

le soleil [sɔlɛj]	Sonne	
espérer [ɛspere]	hoffen	Il espère venir pour les vacances.
rentrer [rɑ̃tre]	(nach Hause) gehen	À quelle heure tu rentres ce soir?
il y a du brouillard [iljadybrujar]	es ist nebelig	
le brouillard [brujar]	Nebel	
neiger [neʒe]	schneien	*cf.* neige
il fait beau [ilfɛbo]	das Wetter ist schön	
il y a des nuages [iljadɛnyaʒ]	es ist wolkig	
le nuage [nyaʒ]	Wolke	
il y a du vent [iljadyvɑ̃]	es ist windig	
le vent [vɑ̃]	Wind	Il y a des nuages et un peu de vent.

p. 99

3.

les lunettes de soleil *f. Pl.* [lynɛtdəsolɛj]	Sonnenbrille	Prenez vos lunettes de soleil et vos chapeaux.
un imperméable [ɛ̃pɛrmeabl]	Regenmantel	Il pleut, tu prends ton imperméable.
le pull [pyl]	Pulli	Ce pull n'est pas assez chaud.
le parapluie [paraplɥi]	Regenschirm	
le manteau [mɑ̃to]	Mantel	
une écharpe [eʃarp]	Schal	

4.

la prévision météo [previzjɔ̃meteo]	Wettervorhersage	
le nord [nɔr]	Norden	Lille est dans le nord de la France.
le sud [syd]	Süden	L'Auvergne est au sud de la Loire.
présenter [presɑ̃te] **qn/qc à qn**	jdm jdn/etw. vorstellen	
le résultat [rezylta]	Ergebnis	

passer à [pasea] **qc**	zu etw. übergehen	Nous passons aux informations régionales.
la météo [meteo]	Wetterbericht, -vorhersage	
ranger [rɑ̃ʒe]	*hier:* wegräumen	Les enfants, rangez vos livres.
sortez [sɔrte]	holen Sie ... heraus	Sortez vos agendas.
en fin de [ɑ̃fɛ̃də]	am Ende von	Je suis à la maison en fin de journée.
l'est *m.* [ɛst]	Osten	Strasbourg est dans l'est de la France.
un après-midi [aprɛmidi]	Nachmittag	Qu'est-ce que tu fais demain après-midi?
on prévoit [ɔ̃prevwa]	es wird vorhergesagt	On prévoit du brouillard demain matin.
la chance [ʃɑ̃s]	Glück	On a de la chance, il a fait beau pour le pique-nique.
formidable [fɔrmidabl]	wunderbar	On a passé des vacances formidables avec nos amis.
en perspective [ɑ̃pɛrspɛktiv]	in Aussicht	Une belle journée en perspective!
la température [tɑ̃peratyr]	Temperatur	
le degré [dəgre]	Grad	Les températures vont de 16 à 20 degrés.
retourner [rəturne]	zurückkehren	Je retourne au Canada pour les vacances.
le bulletin [byltɛ̃]	Bericht, Bulletin	J'écoute le bulletin météo à la radio.
l'ouest *m.* [wɛst]	Westen	≠ est
5.		
échanger [eʃɑ̃ʒe] **qc**	etw. austauschen	On peut échanger nos adresses?
intégrer [ɛ̃tegre] **qc**	etw. integrieren	
le point [pwɛ̃]	Punkt	
Il fait un temps de chien. [ilfɛɛ̃tɑ̃dəʃjɛ̃] *ugs.*	Sauwetter!	

p. 100 COLLECTION PRINTEMPS-ÉTÉ

la collection [kɔlɛksjɔ̃]	Kollektion	La collection printemps-été est arrivée dans les magasins.
6.		
le vêtement [vɛtmɑ̃]	Kleidungsstück	Quels vêtements je prends en vacances?
passer [pase]	*hier:* weitergeben	
la parole [parɔl]	*hier:* Wort	Vous voulez prendre la parole?
le/la commentateur/trice [kɔmɑ̃tatœr/kɔmɑ̃tatris]	Kommentator/in	
en direct [ɑ̃dirɛkt]	direkt/live übertragen	Nous sommes en direct du match France-Allemagne.
d'abord [dabɔr]	zuerst	
la couleur [kulœr]	Farbe	Mes couleurs préférées sont le bleu et le vert.
plus ... que [plys...kə]	mehr ... als	
dernier/ère [dɛrnje/dɛrnjɛr]	letzte/r/s	Il a fait plus froid que l'hiver dernier.
rose [roz]	rosa	
bleu/e [blø]	blau	On a un beau ciel bleu aujourd'hui.
jaune [ʒon]	gelb	
porter [pɔrte] **qc**	etw. tragen	J'ai porté ce manteau tout l'hiver.
la robe [rɔb]	Kleid	Elle a une robe bleue.
long/gue [lɔ̃/lɔ̃g]	lang	Je préfère les jupes longues.
la jupe [ʒyp]	Rock	
court/e [kur/kurt]	kurz	≠ long

la chemise [ʃəmiz]	Hemd	Je mets une chemise et une cravate pour aller au travail.
à rayures [arɛjyr]	mit Streifen	Les pantalons à rayures sont à la mode.
la chaussure [ʃɔsyr]	Schuh	
beige [bɛʒ]	beige	
masculin/e [maskylɛ̃/maskylin]	Männlich, Männer-	La mode masculine est classique.
féminin/e [feminɛ̃/feminin]	weiblich, Frauen-	≠ masculin
le pantalon [pɑ̃talɔ̃]	Hose	
vif/vive [vif/viv]	*hier:* kräftig	Toi, tu aimes bien les couleurs vives.
large [larʒ]	breit	
la veste [vɛst]	Jacke	Il porte une veste noire et un pantalon beige.
sobre [sɔbr]	schlicht	Je préfère les tenues sobres.
gris/e [gri/griz]	grau	Il porte une chemise grise.
clair/e [klɛr]	hell	
la tenue [təny]	Kleidung	Il est en tenue de sport.
le jean [dʒin]	Jeans	
le tee-shirt [tiʃœrt]	T-Shirt	On porte moins de jeans et de tee-shirts.
moins ... que [mwɛ̃...kə]	weniger ... als	≠ plus ... que
le bermuda [bɛrmyda]	Bermudashorts	
bref [brɛf]	kurz, knapp	Bref, c'est une belle journée en perspective.
par exemple [parɛgzɑ̃pl]	zum Beispiel	
marron [marɔ̃]	braun	
violet/te [vjɔlɛ/vjɔlɛt]	lila	

	7.		
	le texte [tɛkst]	Text	
p. 101	9.		
	mettre [mɛtr]	anziehen	Aujourd'hui, je mets un costume.
	le costume [kɔstym]	Anzug	
	10.		
	rassembler [rasɑ̃ble]	*hier:* sammeln	
	décrire [dekrir]	beschreiben	*cf.* décrivez
	ci-dessous [sidəsu]	unten	≠ ci-dessus
	11.		
	un exercice [ɛgzɛrsis]	Übung	C'est un exercice de grammaire.
	continuer [kɔ̃tinɥe] **à faire qc**	etw. weiter machen	Elle a continué à chanter toute seule.
	élégant/e [elegɑ̃/elegɑ̃t]	elegant, fein, geschmackvoll	
	aussi ... que [osi...kə]	so ...wie	
p. 102	14.		
	le thème [tɛm]	Thema	
	15.		
	une illustration [ilystrasjɔ̃]	Illustration	
	le titre [titr]	Titel	Quel est le titre de ce livre?
	un essuie-glace [esɥiglas]	Scheibenwischer	Les essuie-glaces de ma voiture ne marchent pas!
	la gadoue [gadu]	Schlamm	
	la botte de caoutchouc [bɔtdəkautʃu]	Gummistiefel	Il pleut, mettez vos bottes en caoutchouc.
	la goutte [gut]	Tropfen	

p. 105	A

indien/ne [ɛ̃djɛ̃/ɛ̃djɛn]	indisch	J'aime la cuisine indienne.
un océan [ɔseɑ̃]	Ozean	On a fait de la voile sur l'océan Atlantique.
un élément [elemɑ̃]		
le volcan [vɔlkɑ̃]	Vulkan	Il y a beaucoup de volcans en Auvergne.
la forêt [fɔrɛ]	Wald	J'aime les promenades en forêt.
la rivière [rivjɛr]	Fluss	Quelle rivière traverse Bordeaux?
la montagne [mɔ̃taɲ]	Berg	
le cirque [sirk]	Kessel, Talmunde	
au centre (de) [osɑ̃trdə]	in der Mitte (von)	Au centre du pays, on trouve des volcans et des cirques.
autour de [oturdə]	um... herum	Il n'y a plus de place autour de la table.
l'intérieur *m.* [ɛ̃terjœr]	Landesinnere, Innere(s)	À l'intérieur de l'île, il y a des montagnes.

p. 106	ON VA BOUGER À LA RÉUNION!

1.

bouger [buʒe]	sich bewegen	Restez là, ne bougez pas!
le type [tip]	Art, Sorte	
il s'agit de [ilsaʒidə]	es handelt sich um	De quel problème s'agit-il?

le reportage [rəpɔrtaʒ]	Reportage	Je regarde un <u>reportage</u> sur la Réunion à la télé.
la pièce de théâtre [pjɛsdəteatr]	Theaterstück	«En attendant Godot» est une <u>pièce de théâtre</u> de Beckett.
2.		
le mot-clé [mokle]	Schlüsselwort	Trouvez les <u>mots-clés</u> du texte.
de quoi [dəkwa]	wovon	<u>De quoi</u> parle le texte?
la randonnée [rɑ̃dɔne]	Wanderung	Il fait de la <u>randonnée</u> dans les Alpes.
créole [kreɔl]	kreolisch	C'est une recette <u>créole</u>.
la plongée [plɔ̃ʒe]	Tauchen	On peut faire de <u>la plongée</u> dans l'océan indien?
la case [kaz]	Hütte	
le paysage [peizaʒ]	Landschaft	J'adore les <u>paysages</u> de montagnes.
sportif/ve [spɔrtif/spɔrtiv]	sportlich	*cf.* sport
3.		
le début [deby]	Anfang	Je n'ai pas vu le <u>début</u> du film.
le sens [sɑ̃s]	*hier:* Bedeutung	Je ne comprends pas <u>le sens</u> de la phrase.
la réunion [reynjɔ̃]	Konferenz, Versammlung	Ma femme a une <u>réunion</u> de travail ce soir
le sommet [sɔmɛ]	Gipfel	Il est allé à pied jusqu'au <u>sommet</u> de la montagne.
4.		
la brochure [brɔʃyr]	Broschüre	Je voudrais une <u>brochure</u> sur les randonnées.
essayer [eseje] **qc**	*hier:* etw. (aus)probieren	Tu <u>as</u> déjà <u>essayé</u> le canyoning?

une excursion [ɛkskyrsjɔ̃]	Ausflug	On fait une excursion dans les montagnes?
le canyoning [kanjɔniŋ]	canyoning	
le parapente [parapɑ̃t]	Paragliding, Gleitschirmfliegen	Tu voudrais essayer le parapente?
la découverte [dekuvɛrt]	Entdeckung	*cf.* découvrir
la terre [tɛr]	*hier:* Erde	
une escalade [ɛskalad]	Klettern	On a fait de l'escalade dans les montagnes.
la natation [natasjɔ̃]	Schwimmen	
le ski nautique [skinotik]	Wasserski	
le surf [sœrf]	Surfen	
la voile [vwal]	Segeln	
l'air *m.* [ɛr]	Luft	L'air de la mer est agréable.
le deltaplane [dɛltaplan]	Drachen	
le 4x4 [kat(rə)katr]	Auto mit Vierradantrieb	On loue un 4x4 pour faire le tour de l'ile.
le vtt (= vélo tout terrain) [vetete]	Mountainbike	On va en vtt en forêt.
le cheval (*Pl.* chevaux) [ʃəval/ʃəvo]	Pferd	
le bateau [bato]	Schiff, Boot	
la vanille [vanij]	Vanille	C'est une crème à la vanille.
le conservatoire botanique [kɔ̃sɛrvatwarbɔtanik]	Museum für Botanik	
p. 107 5.		
suivant [sɥivɑ̃]	*hier:* je nach	Suivant le temps, on peut faire un pique-nique.
faire du vélo [fɛrdyvelo]	Fahrrad fahren	Je fais du vélo tous les jours.
faire du jardinage [fɛrdyʒardinaʒ]	gärtnern	*cf.* jardin
le piano [pjano]	Klavier	Vous aimez le piano?

la gymnastique [ʒimnastik]	Gymnastik	Je fais de la <u>gymnastique</u> pour rester en forme.
faire de l'équitation [fɛrdəlekitasjɔ̃]	reiten	
faire de la plongée [fɛrdəlaplɔ̃ʒe]	Sporttauchen	
la guitare [gitar]	Gitarre	
6.		
magnifique [maɲifik]	wunderbar	On a eu un temps <u>magnifique</u> en montagne.
voir [vwar] **qc/qn**	etw./jdn sehen	Tu <u>as vu</u> le dernier film d'Audrey Tautou?
le paradis [paradi]	Paradies	La Réunion, c'est le <u>paradis</u> sur terre.
plein de [plɛ̃də]	voller	
le projet [prɔʒɛ]	Vorhaben	Quels sont vos <u>projets</u> pour les vacances?
faire de la voile [fɛrdəlavwal]	segeln	
en tout cas [ɑ̃tuka]	auf jeden Fall	
louer [lwe] **qc**	etw. mieten	Nous voulons <u>louer</u> une maison sur l'ile.
8.		
pendant [pɑ̃dɑ̃]	während	Elle a parlé au téléphone <u>pendant</u> une heure.
interroger [ɛ̃terɔʒe] **qn**	jdn fragen	Le journaliste <u>a interrogé</u> les touristes sur leurs vacances.
le/la participant/e [partisipɑ̃/partisipɑ̃t]	Teilnehemer/in	Qui sont les <u>participants</u> à la réunion?

p. 108 LA RÉUNION PRATIQUE!

9.		
le document [dɔkymɑ̃]	Dokument	Apportez tous les <u>documents</u> nécessaires pour le voyage.

10.

rendre [rɑ̃dr] **qc**	etw. zurückgeben	Vous devez rendre les clés à la réception.
attendez [atɑ̃de]	warten Sie	
la porte [pɔrt]	Tür	
climatisé/e [klimatize]	klimatisiert	On a loué une voiture climatisée pour le voyage.
le permis de conduire [pɛrmidəkɔ̃dɥir]	Führerschein	J'ai eu mon permis de conduire en 1990.
Tenez! [təne]	*hier:* Bitte	
le reçu [rəsy]	Quittung	Je peux avoir le reçu, s'il vous plaît?
les papiers *m. Pl.* [papje]	Papiere	
garer [gare]	parken	J'ai garé la voiture sur le parking.
faire le plein [fɛrləplɛ̃]	volltanken	Tu fais le plein avant le départ.
le conseil [kɔ̃sɛj]	Ratschlag	
la station-service [stasjɔ̃sɛrvis]	Tankstelle	Il y a une station-service sur cette route.
bonne route [bɔnrut]	gute Fahrt	

p. 109

12.

le mél [mel]	E-mail	Envoyez un mél à cette adresse.
le remerciement [rəmɛrsimɑ̃]	Dank	*cf.* merci
envoyer [ɑ̃vwaje] **qc à qn**	jdm etw. schicken	
la documentation [dɔkymɑ̃tasjɔ̃]	Informationsmaterial	Pouvez-vous m'envoyer de la documentation?

13.

elle répond [ɛlrepɔ̃]	sie antwortet	*cf.* réponse
vous entendez [vuzɑ̃tɑ̃de]	Sie hören	
le passeport [paspɔr]	Pass	

l'Union européenne [ynjɔ̃øropeɛn]	Europäische Union	
la carte d'identité [kartdidɑ̃tite]	Personalausweis	Apportez votre <u>carte d'identité</u>.
officiel/le [ɔfisjɛl]	offiziell	La langue <u>officielle</u> est le français.
dangereux/euse [dɑ̃ʒrø/dɑ̃ʒrøz]	gefährlich	La route est <u>dangereuse</u> quand il y a du brouillard.
14.		
en entier [ɑ̃nɑ̃tje]	ganz	Écoutez la chanson <u>en entier</u>.
15.		
le/la Réunionnais/e [reynjɔnɛ/reynjɔnɛz]	Einwohner/in von La Réunion	*cf.* La Réunion
16.		
cette [sɛt]	diese	
la date de naissance [datdənɛsɑ̃s]	Geburtsdatum	Quelle est votre <u>date de naissance</u>?
le lieu [ljø]	Ort	Le port de La Rochelle est un <u>lieu</u> unique.
la nationalité [nasjɔnalite]	Nationalität	J'ai la <u>nationalité</u> française
le sexe [sɛks]	Geschlecht	
la taille [taj]	Größe	-Quelle est votre <u>taille</u>? +38
le chef-lieu [ʃɛfljø]	Hauptstadt *(eines Departements)*	
le signe [siŋ]	Merkmal	
particulier/ère [partikylje/partikyljɛr]	besondere/r/s	
découvert/e [dekuvɛr/dekuvɛrt]	entdeckt	*cf.* découvrir
le/la Portugais/e [pɔrtygɛ/pɔrtygɛz]	Portugiese/Portugiesin	
coloniser [kɔlɔnize] **qc**	etw. kolonisieren	Les Français <u>ont colonisé</u> La Réunion.
occuper [ɔkype] **qc**	etw. besetzen	Les Anglais ont <u>occupé</u> l'île.
un/une Anglais/e [ɑ̃glɛ/ɑ̃glɛz]	Engländer/in	*cf.* Angleterre

p. 110

appeler [apəle] **qn/qc**	jdn/etw. nennen	Elle appelle son mari «chéri».
devenir [dəvənir]	werden	
le climat [klima]	Klima	Le climat de l'île est tropical.
sec/sèche [sɛk/sɛʃ]	trocken	Le climat est très sec.
l'économie [ekɔnomi]	Wirtschaft	L'économie de ce pays est très riche.
la canne à sucre [kanasykr]	Zuckerrohr	
le tabac [taba]	Tabak	
la flore [flɔr]	Flora	
la faune [fon]	Fauna	L'île a une faune et une flore très intéressantes.
un arbre fruitier [arbrfrɥitje]	Obstbaum	Ils ont un grand jardin avec beaucoup d'arbres fruitiers.
la mangue [mɑ̃g]	Mango	
le géranium [ʒeranjɔm]	Geranie	
un hibiscus [ibiskys]	Hibiskus	
le bougainvillier [bugɛ̃vilje]	Bougainvillea	
une orchidée [ɔrkide]	Orchidee	
la variété [varjete]	Vielfalt	Il y a une très grande variété de fleurs sur l'île.
un oiseau [wazo]	Vogel	
le papillon [papijɔ̃]	Schmetterling	
le caméléon [kameleɔ̃]	Chamäleon	
le serpent [sɛrpɑ̃]	Schlange	Tous les serpents ne sont pas dangereux.
17.		
associer [asɔsje] **qc**	etw. verbinden	

LA TRANSCRIPTION PHONÉTIQUE

Vokale

[a] glace, voilà
[ɑ] pas
[ɛ] merci, c'est, problème, être, faire *(sehr offenes «e»)*
[e] chez, école, travailler *(geschlossenes «e»)*
[ə] je, le, ne, qu'est-ce que *(stummes «e»)*
[i] vie, pyjama
[o] vélo, eau, côté *(geschlossenes «o»)*
[ɔ] alors, comment *(offenes «o»)*
[ø] deux, peu *(geschlossenes «ö»)*
[œ] sœur, vendeur *(offenes «ö»)*
[u] vous, où
[y] une, sur

Halbvokale

[ɥ] je suis, huit, cuisine
[j] bien, étudiant, travailler, fille
[w] moi, oui

Nasallaute

[ɑ̃] enfant, chambre, exemple
[ɔ̃] bonjour, nom
[ɛ̃] un, bien, lundi, fin, terrain, sympa

Konsonanten

[b] habiter
[d] dur
[f] français, photo
[g] cigarette, collègue
[k] cours, avec, qui, kir
[l] il
[m] mal
[n] non
[ŋ] camping
[ɲ] cognac, champagne
[p] pardon, je m'appelle
[r] bonjour, rencontre
[s] salut, ça, bonsoir *(stimmloses «s»)*
[z] Mademoiselle, les‿enfants, six‿heures, zéro *(stimmhaftes «s»)*
[ʃ] chez, chocolat *(stimmloses «sch»)*
[ʒ] bonjour, âge, jus *(stimmhaftes «sch»)*
[t] très
[v] vous, arriver